普通高等教育"十三五"规划教材
学前教育专业系列教材

利津一幼儿童传统游戏
再现与创新

刘合田　主编

科学出版社
北　京

内 容 简 介

本书从科学性、思想性、教育性、灵活性、适度性、安全性等原则出发筛选出了适合幼儿年龄发展特点的传统游戏近百例。在继承和发扬儿童传统游戏的基础上，以新的教育理念为指导，以落实《3—6岁儿童学习与发展指南》（以下简称《指南》）为准则，将搜集整理的传统游戏分成体育、智力、语言三大类，主要从游戏的活动材料、玩法规则、场地布置、游戏项目的引入等方面进行了改编创新，力求更加适合现代幼儿的兴趣和需要。每例游戏分别从游戏玩法、现代教育意义、落实《指南》情况等方面进行了详细说明，采用图文并茂的形式，并配有与内容相对应的游戏活动光盘，一目了然，易于操作，便于广大幼教工作者借鉴学习。书中每例游戏都经过了长期的实践和探索，体现了游戏的创新玩法和现代意义的挖掘，使传统的民间游戏能够更好地促进学前儿童的发展。

本书适用于高等院校学前教育专业本、专科学生，也适用于各级各类幼儿园教师培训，还可供早教中心、亲子机构等的教师和家长学习。

图书在版编目（CIP）数据

利津一幼儿童传统游戏再现与创新/刘合田主编. —北京：科学出版社，2017

（普通高等教育"十三五"规划教材·学前教育专业系列教材）

ISBN 978-7-03-053295-4

Ⅰ．①利… Ⅱ．①刘… Ⅲ．①学前教育－游戏课－高等学校－教材 Ⅳ．①G613.7

中国版本图书馆 CIP 数据核字（2017）第128609号

责任编辑：王 彦/责任校对：王万红
责任印制：吕春珉/封面设计：东方人华

科学出版社 出版

北京东黄城根北街16号
邮政编码：100717
http://www.sciencep.com

三河市骏杰印刷有限公司印刷
科学出版社发行 各地新华书店经销

*

2017年6月第 一 版 开本：787×1092 1/16
2017年6月第一次印刷 印张：9
字数：200 000

定价：60.00元（含光盘）

（如有印装质量问题，我社负责调换〈骏杰〉）

销售部电话 010-62136230 编辑部电话 010-62130750

本书编写人员名单

主　　编　　刘合田

副 主 编　　黄建玉　　崔志军

编　　委　　石凌霞　　胡培伟　　李占美　　王耀英　　王　艳

　　　　　　崔立霞　　崔　峰　　胡培红　　李　燕

参编人员　（以姓氏拼音为序）

　　　　　　蔡　宇　　陈光花　　程娟娟　　崔婷婷　　范敏敏

　　　　　　高向伦　　官英梅　　官盈盈　　郭　靖　　郭媛媛

　　　　　　李　艳　　李爱新　　李桂花　　李建霞　　李娜娜

　　　　　　梁　娟　　刘　云　　刘爱英　　刘庆云　　刘树红

　　　　　　吕文娜　　商卫萍　　邵佳丽　　孙　凯　　孙丽芳

　　　　　　唐宗娇　　王　玉　　王春青　　王秀华　　谢清华

　　　　　　解瑞芝　　徐　莉　　徐媛媛　　杨　云　　张　岚

　　　　　　张君荣　　张盼盼　　张伟伟　　赵梦雪　　周翠霞

前　　言

　　游戏是体育的重要手段之一，是文化娱乐的一种。儿童传统游戏指流传于广大民众生活中的嬉戏娱乐活动，俗称"玩耍"，主要流行于少年儿童中间，它是世代传承下来的我国优秀传统文化的一部分，它集运动、幽默、智慧于一身，具有鲜明的民族特点和地方特色，能增强幼儿的体力、开发智力、培养合作意识、丰富幼儿生活，还能培养幼儿的机智、勇敢、坚韧、顽强等优秀品质。

　　在国外，远在荷马时代，斯巴达儿童就有了滚圈、木马、秋千等玩具，人们利用游戏对自己的后代进行生活、劳动等方面的技能训练。英国的儿童游戏研究人员专门为0～6岁的婴幼儿收集了一系列的"游戏清单"，找出了一些简单、传统但十分有益的游戏：在草地上打滚、爬树、挖地洞、描脸蛋、堆雪人、玩军事进攻游戏等，这些游戏大部分也是流传在英国民间的传统游戏。

　　儿童传统游戏能给儿童带来无穷的童年乐趣，我们没有理由不珍视这种宝贵的教育资源。然而，在我国，儿童传统游戏正在慢慢消逝。过去，经济不够发达，信息技术落后，没有电视、计算机，孩子们的生活却并不乏味枯燥，而是充满了快乐。那个时候的孩子们似乎什么玩具也没有，又似乎什么都是孩子的玩具。只要食物能果腹，他们就有无穷的游戏劲头，抽陀螺、打纸板、捉迷藏、摔泥炮、老鹰捉小鸡……无论在大街还是小巷，总能见到成群的孩子在游戏、奔跑，他们个个都爱玩，个个都会玩，即使每天都玩同样的游戏，也能玩出不一样的玩法。而如今，随着城市化进程的加快、网络游戏的流行、家长的过度保护以及"重教轻玩"的教育观念等原因，那些妙趣横生的传统游戏慢慢不见了踪影。儿童传统游戏正逐步退出现代幼儿的生活，这一现象应该引起广大教育工作者的关注。

　　为了让儿童传统游戏再次充实孩子的童年，本书立足时代的发展和社会的需要，运用调查研究法、行动研究法、案例研究法、经验总结法，结合当代儿童的实际发展所需，从让儿童传统游戏融入幼儿生活、游戏渗透进课程、传统游戏的创新等途径出发，充分挖掘流传于民间的经典游戏，努力实现传统游戏的教育价值，促进幼儿的全面发展；同时也为坚守民族文化的自信，守护我们的精神家园，传承民族文化的血脉贡献一份力量。

　　本书立足实际，以新的教育理念为指导，以落实《3—6岁儿童学习与发展指南》

（本书简称为《指南》）为准则，结合《幼儿园教育指导纲要》（本书简称为《纲要》），在继承发扬儿童传统游戏的基础上，结合所处地域特点及现代儿童的身心发展等，大胆融入现代元素，拓展思路，主要从游戏的活动材料、玩法规则、场地布置、游戏项目的引入等方面进行了改编创新，力求更加适合现代幼儿的兴趣和需要。每例游戏采用图文并茂的形式，并配有与内容相对应的游戏活动光盘，一目了然，易于操作，便于广大幼教工作者借鉴学习。

　　游戏是儿童的天性，童年不同，快乐相同。任意追逐打闹的童年，永远为人怀念和回味。传统游戏源远流长，传统游戏必将代代延续。

目　　录

第一篇

体 育 类

1.1 抬 花 轿

一、游戏玩法

图 1.1.1

（一）传统玩法

三人一组，其中两人面对面双手交叉两两相握，手臂形成"∞"形，蹲下。另一幼儿将双脚伸进两人手臂形成的"∞"形环中，将手搭在两人肩上（见图1.1.1）。两幼儿起立，将中间幼儿抬至指定地点，交换角色。

（二）创新玩法

为进一步激发幼儿的兴趣，增添了吹喇叭、敲锣鼓、打钹、抬花轿等传统娶亲的场景（见图1.1.2），让幼儿在喜气洋洋的气氛中进行游戏。

图 1.1.2

二、现代教育意义

"抬花轿"不仅能锻炼幼儿的臂力，而且在抬轿过程中，还可培养幼儿的相互合作意识（见图1.1.3）。增加的娶亲玩法还能使幼儿对传统的婚俗文化有粗浅的了解。

三、落实《指南》情况

抬花轿游戏适合大班幼儿。《指南》在健康领域中要求幼儿"具有一定的力量和耐力"，在社会领域中建议"幼儿园应多为幼儿提供需要大家齐心协力才能完成的活动，让幼儿在具体活动中体会合作的重要性，学习分工合作"。抬

图 1.1.3

花轿游戏中两名幼儿合力抬起一名幼儿行走一段距离，其间抬花轿幼儿需相互握紧对方双手，并坚持下来，直至到达指定地点，这对孩子的合作能力、臂力和忍耐力都是很大的挑战和锻炼。创新的娶亲玩法契合了《指南》社会领域中"利用民间游戏、传统节日等，适当向幼儿介绍我国主要民族和世界其他国家和民族的文化"的要求。

1.2 拾 棉 花

一、游戏玩法

（一）传统玩法

1. 材料准备：丝巾包裹的棉花包 2 个（见图 1.2.1）。

图 1.2.1

2. 游戏过程：全体幼儿围成一个圆圈，一名幼儿斜挎棉花包在圈外绕圈行走，全体幼儿说儿歌"拾拾拾棉花，拾到天黑害了怕，找个座位坐下吧"。说完圈外幼儿就近坐在一名圈上幼儿的背上。然后圈上幼儿问："你是做什么的？"圈外幼儿答："我是赶路的。"圈上幼儿接着问："我怎么听着你的肚子里咕噜咕噜叫啊？"圈外幼儿答："吃了个包子打了个碗。"然后拍圈上幼儿的屁股快跑，圈上幼儿追。圈外幼儿要快跑绕圈一周后到原圈上幼儿处，若被捉到则要到圈内表演节目。表演完节目后由其再做圈外幼儿。 游戏反复进行（见图 1.2.2）。

（二）创新玩法

1. 两个或多个幼儿同时"拾棉花"，多组幼儿同时进行（见图 1.2.3）。

图 1.2.2

图 1.2.3

2. 创意问答，可根据幼儿兴趣，创造性地改变部分对话内容。

二、现代教育意义

"拾棉花"是流传于民间极具代表性的游戏活动，锻炼了幼儿的快速反应能力和奔跑能力，培养了规则意识。在游戏的过程中，每个幼儿自然地更换角色，学会了相互间的协调与组织，形成了有益的责任感和集体意识。

三、落实《指南》情况

拾棉花游戏适合大班幼儿。首先，《指南》在健康领域中要求幼儿"具有一定的平衡能力，动作协调、灵敏"，并建议"开展丰富多样、适合幼儿年龄特点的各种身体活动，如走、跑、跳等"，游戏中，围着圈的追与跑正好体现了这一点，锻炼了幼儿的奔跑能力以及快速反应能力；其次，《纲要》和《指南》都强调了"幼儿的语言能力是在运用的过程中发展起来的，应为幼儿创设自由、宽松的语言交往环境，鼓励和支持幼儿与成人、同伴交流，让幼儿想说、敢说、喜欢说并能得到积极回应"。游戏中幼儿之间的一问一答过程以及表演节目等都使幼儿能在集体面前敢于说、喜欢说，并且改编对话也大大激发了幼儿表达的兴趣；再次，游戏的过程中，每个幼儿自然地更换角色，学会了相互间的协调与组织，并学会遵守游戏规则，有一定的规则意识，正体现了《指南》在社会领域中建议"幼儿能遵守基本的行为规范"的要求。

1.3 扎 手 绢

一、游戏玩法

（一）传统玩法

1. 材料准备：不同颜色的手绢若干条（见图 1.3.1）。

2. 游戏过程：幼儿手拉手，围成一个圆圈。推选两名幼儿在圈外相对的地方分别将手绢扎在圈上两名幼儿的手腕上，然后以最快的速度沿顺时针方向跑，将对方扎的手绢解下，扎在前一位幼儿的手腕上；扎好再往前跑去解前面的手绢……若另一位幼儿还未扎好就被追上则为输者，与被扎幼儿换位，输者要到圈内表演节目，节目完成后游戏继续（见图 1.3.2）。

图 1.3.1

（二）创新玩法

用长丝巾将"扎手绢"扩展为"扎围巾""系腰带""戴帽子"等游戏（见图 1.3.3）。

二、现代教育意义

"扎手绢"是流传于民间极具代表性的游戏活动，不

图 1.3.2

图 1.3.3

仅能发展幼儿扎、系、结等手部精细动作，还能发展幼儿的快速反应能力和奔跑能力，提高幼儿的规则意识和竞争意识。

三、落实《指南》情况

扎手绢游戏适合中大班幼儿。《指南》在健康领域中要求幼儿"具有一定的平衡能力，动作协调、灵敏""手的动作灵活协调"，幼儿在做扎手绢游戏时，快速反应能力和奔跑能力得到了发展，做到了能与他人玩追逐、躲闪跑的游戏。通过扎、系、结等手部精细动作，锻炼了幼儿手部动作的灵活协调性。创新的"扎围巾""系腰带""戴帽子"等玩法，契合了《指南》社会领域中"利用民间游戏、传统节日等，适当向幼儿介绍我国主要民族和世界其他国家和民族的文化"的要求。

1.4　跑　　城

图 1.4.1

图 1.4.2

一、游戏玩法

（一）传统玩法

1. 材料准备：沙包一个。
2. 场地布置：事先画好的场地。
3. 游戏过程：两名幼儿站在事先画好的方城两侧作为丢沙包者。选出跑城者在城口准备好，听口令开始跑城。跑城者跑到城中心位置时要拍手或高呼示意"我已进城"。只有此时幼儿才是最安全的，其余时间都要不断躲闪或接住打来的沙包（见图 1.4.1）。最先安全跑出城者为胜。中途被沙包打到而被罚出场者，游戏结束时表演节目。

（二）创新玩法

幼儿可在画好的城内丢沙包（见图 1.4.2）。

二、现代教育意义

此游戏重点锻炼幼儿快速跑及躲闪的能力，发展身体的灵敏性。由于是很多幼儿一起在城内跑和躲闪，因此还能锻炼幼儿相互合作和互相配合的能力。丢沙包击打城中幼儿的动作则锻炼了幼儿的臂力，提高了其投掷的准确性。

三、落实《指南》情况

跑城游戏适合大班幼儿。《指南》在健康领域的动作发展中要求幼儿"能躲避他人滚过来的球或扔过来的沙包"，建议发展幼儿动作的协调性和灵活性，要求幼儿"具有一定的力量和耐力"，5～6 岁幼儿"能单手将沙包向前投掷 5 米左右"。《指南》在社会领域中建议"幼儿园应多为幼儿提供需要大家齐心协力才能完成的活动，让幼儿在具体活动中体会合作的重要性"。跑城游戏中，跑城者要迅速、灵敏地奔跑躲闪才能躲避丢过来的沙包，这个过程锻炼了孩子的奔跑能力、躲闪能力以及身体的协调性和灵敏性。丢沙包者瞄准"目标"，只有用力投出沙包，才可能"打中"跑城者，锻炼了臂力。跑城游戏是一项合作性较强的活动，在游戏的过程中达成了《指南》的目标。

1.5 背缸倒缸

一、游戏玩法

（一）传统玩法

两名幼儿背对着背，四臂互相攀绕，一名幼儿弯腰用力迅速把另一名幼儿背起，然后另一名幼儿再迅速背起这名幼儿，两人反复互背。同时一边背一边唱儿歌："背缸，倒缸，腌菜好香。"两人互背互唱，感受游戏的快乐（见图1.5.1）。

（二）创新玩法

在游戏地垫上，将幼儿分成4～6组，每组幼儿由两名"背缸"幼儿组成，创新儿歌："腌呀腌呀腌咸菜，背缸，倒缸，腌菜好香"。比赛开始后，两背对幼儿先协调横向向前叠步移动同时唱儿歌，唱至"背缸，倒缸，腌菜好香"时幼儿再互背两下，这样边唱儿歌边反复，先到达终点一组为胜（见图1.5.2和图1.5.3）。

图 1.5.1

图 1.5.2

图 1.5.3

二、现代教育意义

此项民间游戏锻炼了幼儿手臂、腰部及腿部肌肉的力量。游戏过程中，需要幼儿相互协调配合，培养了幼儿的合作意识。

三、落实《指南》情况

背缸倒缸游戏适合大班幼儿。《指南》在健康领域中要求幼儿"具有一定的力量和耐力"，在社会领域中建议"幼儿园应多为幼儿提供需要大家齐心协力才能完成的活动，让幼儿在具体活动中体会合作的重要性"。此游戏中，两名幼儿反复互背并同时唱儿歌，锻炼了幼儿手臂、腰部及腿部的肌肉力量。在创新玩法中，背缸倒缸游戏以比赛的形式进行，两背对幼儿先协调横向向前叠步移动，需要幼儿团结合作，步调一致，同时唱儿歌，唱至"背缸，倒缸，腌菜好香"时幼儿再互背两下，这样边唱儿歌边反复，增强了游戏的趣味性。这种以比赛形式进行的游戏，既培养了幼儿的竞争意识，又锻炼了幼儿的协作能力，对幼儿的臂力和忍耐力都是很大的挑战和锻炼，同时幼儿还体验到了胜利的快乐。

1.6 抵 拐

一、游戏玩法

（一）传统玩法

两人为一组，均弯起一条腿，并用手握住脚腕，用另一条腿跳动行走，用弯起的腿相互碰撞，谁被撞得失去平衡、弯着的腿放下来，谁就输了（见图1.6.1）。

（二）创新玩法

为抵拐游戏配上儿歌"你一下，我一下，抵拐抵拐顶呱呱，你抵我，我抵你，乐得娃娃笑哈哈"。在两人抵拐的基础上增至三人、五人或更多的人一起抵，谁最后放下腿，谁就赢了（见图1.6.2）。

图 1.6.1

二、现代教育意义

此游戏简单易行，游戏中，幼儿一条腿弯着，另一条腿单跳行走，练习了单腿站立和行走，锻炼了平衡力和耐力，增强了体质，提高了动作的敏捷性。

三、落实《指南》情况

图 1.6.2

抵拐游戏适合大班幼儿。《指南》从身体素质的教育出发，提出了幼儿在大肌肉动作方面"具有一定的平衡能力，动作协调、灵敏"和"具有一定的力量和耐力"的发展目标，并对3～4岁、4～5岁、5～6岁幼儿能单脚连续向前跳做出了具体要求，分别是2米左右、5米左右、8米左右。抵拐游戏需要幼儿单脚连续跳跃，正好契合了《指南》对这一目标的要求，对幼儿的平衡能力进行了训练，提出了特别高的要求，同时在对抗的过程中锻炼了幼儿的下肢力量和耐力，促进了幼儿身体协调能力的发展。

1.7 手 推 车

图 1.7.1

一、游戏玩法

（一）传统玩法

一名幼儿趴下当"车"，另一名幼儿抓住他的脚腕将其腿抬起，夹在自己身体两侧做推车人。当"车"的幼儿要双手撑地走，推车人不能过分用力，两人注意配合，推到终点后，互换角色。为增加游戏的趣味性，可将幼儿分成两队进行比赛（见图 1.7.1）。

（二）创新玩法

在两人一组玩熟的基础上变为三人一组进行游戏，三人用"手心手背"的方式选出一名幼儿当"车"，其他两名幼儿当推车人，两人分别把当"车"人的腿抬起，夹在身体一侧，两人协调推一"小车"（见图 1.7.2）。

二、现代教育意义

手推车游戏不仅锻炼了幼儿的臂力及协调能力，加强了团结合作能力，增强了体质，而且在其乐融融的游戏过程中，让他们感受到了民间游戏的趣味性。

图 1.7.2

三、落实《指南》情况

手推车游戏适合大班幼儿。《指南》在健康领域中要求幼儿"具有一定的平衡能力，动作协调、灵敏"，在社会领域中建议"幼儿园应多为幼儿提供自由交往和游戏的机会，鼓励他们自主选择、自由结伴开展活动"。手推车游戏中，两名幼儿通过分工合作，一名趴下做"车"，另一名做推车人，游戏锻炼了幼儿上肢及腰部力量，提高了其身体协调能力。坚持到终点（可根据幼儿水平而定）对幼儿的合作能力、臂力和忍耐力都是很大的挑战和锻炼。创新的三人玩法也契合了《指南》在社会领域中"组织共同活动"的目标，所以手推车游戏符合《指南》要求。

1.8 攻 城 门

一、游戏玩法

1. 材料准备：红、黄小旗各一面。

2. 场地布置：在场地上画两条平行线（见图 1.8.1），间隔 8 米左右。

3. 游戏过程：将幼儿分为人数相等的红、黄两队，队长各拿小旗站在队伍两边，两队在划好的线后手拉手相对而立。如指定红队先说："鸡鸡翎"，黄队答："跑马城"，红队说："马城高"，黄队答："我们的兵儿随你挑"，红队说出一幼儿的名字。被挑中的幼儿马上跑向对面去撞红队，红队的幼儿手用力相握，如果被撞开，撒开手的幼儿归黄队，如撞不开，被挑中的幼儿归红队。游戏反复进行，直至一队没人，另一队为胜（见图 1.8.2 和图 1.8.3）。

图 1.8.1

图 1.8.2

图 1.8.3

二、现代教育意义

此游戏由于参与的人数多，念儿歌或撞城门时，都比较有气势，能很快地调动起幼儿积极的情绪，为幼儿所喜爱。游戏主要练习短距离快速跑，锻炼幼儿腿部肌肉和反应能力，增强动作的敏捷性，同时能够培养幼儿团结协作的集体观念和勇于克服困难的精神。

三、落实《指南》情况

攻城门游戏适合大班幼儿。《指南》在健康领域中要求幼儿"动作协调、灵敏，具有一定的力量和耐力"；《指南》在社会领域中建议"幼儿园应多为幼儿提供需要大家齐心协力才能完成的活动，让幼儿在具体活动中体会合作的重要性""鼓励幼儿尝试有一定难度的任务，让他感受经过努力获得的成就感"。攻城门游戏中，被点名的幼儿要快速奔跑，选择"薄弱环节""攻城"，主要训练幼儿短距离快速跑，锻炼了幼儿的腿部肌肉和反应能力，增强了动作的敏捷性。游戏中，被撞的队伍要团结合作"筑牢城门"，这样才能守住城门，不被撞开，有助于培养幼儿团结协作的集体观念和勇于克服困难的精神。

1.9 贴 烧 饼

一、游戏玩法

（一）传统玩法

将幼儿分成人数相等的两队，面向圆心站成内外两圈，内外圈幼儿两两对齐，圈内站有甲、乙两名幼儿。游戏开始，两幼儿击掌后甲追乙逃，被追幼儿可灵活地找机会保护自己，如在圈内外穿来穿去，增加追逐幼儿的难度，快被追上时可立即站在内圈小朋友的前面，同时相对应的外圈幼儿成为被追者，如被追到，则互换角色，游戏继续进行（见图1.9.1）。

图1.9.1

图1.9.2

（二）创新玩法

甲乙两幼儿追逐时把"跑"换为"双脚跳"或"单脚跳"，增加游戏难度和花样（见图1.9.2）。

二、现代教育意义

此项游戏活动不仅提高了幼儿的追逐跑及快速躲闪的能力，通过创新还锻炼了幼儿腿部的肌肉力量和跳跃能力，培养了幼儿的规则意识和竞争意识。

三、落实《指南》情况

贴烧饼游戏适合中大班幼儿。《指南》在健康领域中要求幼儿"具有一定的平衡能力，动作协调、灵敏"，4～5岁幼儿"能与他人玩追逐、躲闪跑的游戏，具有一定的力量和耐力"；在社会领域中建议"让幼儿在具体活动中体会合作的重要性"，建议"经常和幼儿一起参加一些群体性的活动，让幼儿体会群体活动的乐趣；经常和幼儿玩有有规则的游戏，遵守共同约定的游戏规则"。贴烧饼游戏中，幼儿通过跑、跳、穿梭、躲闪等动作躲避追逐，充分锻炼了幼儿的身体协调性和灵活性。创新游戏中的单脚跳或双脚跳对幼儿的力量和耐力是一个极大的挑战。贴烧饼游戏是一个群体性活动，在游戏过程中，幼儿与同伴按照游戏规则进行游戏，和同伴合作、交往，发展了幼儿的合作能力、交往能力，体验了游戏的乐趣，培养了幼儿的规则意识。

1.10　编　花　篮

一、游戏玩法

（一）传统玩法

四名幼儿为一组，后背相向，幼儿左腿或右腿小腿向后弯曲，相互别在一起，一脚着地向同一方向跳跃，边跳边唱："编、编、编花篮儿，编个花篮上南山，南山开满了红牡丹，朵朵花儿开得艳。"（见图 1.10.1）可连续做几遍，至幼儿疲劳为止。

（二）创新玩法

创编与幼儿现实生活密切联系的儿歌。例如："我们的祖国是花园，花园里花朵鲜又艳。我们的一幼是乐园，乐园里游戏真好玩。"游戏开始，两名或三名幼儿勾腿边唱边跳，熟练后增至五名或更多幼儿一起玩（见图 1.10.2）。

二、现代教育意义

此项游戏发展了幼儿腿部肌肉的力量，边唱边跳的形式培养了幼儿动作的节奏

图 1.10.1

图 1.10.2

感。练习过程可以提高幼儿相
互合作的团队意识。创编儿歌
的过程锻炼了幼儿的想象力、
语言表述能力，同时，创编儿
歌的形式增加了游戏的趣味性
（见图 1.10.3）。

图 1.10.3

三、落实《指南》情况

编花篮游戏适合大班幼儿。此
游戏需要参与游戏的幼儿都具有
良好的运动能力，否则游戏无法正
常进行。游戏过程中，锻炼了幼儿
的体能和耐力，符合《指南》在健康领域中要求幼儿"具有一定的力量和耐力"的目
标。多名幼儿相互配合，相互扶持，一起游戏，缺一不可，在游戏的同时让幼儿体验
了合作的乐趣，培养了幼儿的合作意识，符合《指南》在社会领域中的教育建议"幼
儿园应多为幼儿提供需要大家齐心协力才能完成的活动，让幼儿在具体活动中体会合
作的重要性"。在创新环节中，幼儿依据已有的生活经验创编儿歌，这种玩法符合《指
南》在语言领域中的教育建议"有意识地引导幼儿欣赏或模仿文学作品的语言节奏和
韵律"。创新玩法中，幼儿的数量不再限定为四名幼儿，可以是五名甚至更多，这种玩
法可以满足幼儿自主探究游戏玩法的兴趣，也使游戏充满挑战性，激发了幼儿的游戏
热情，符合《指南》在社会领域中的教育建议"幼儿园应多为幼儿提供自由交往和游
戏的机会，鼓励他们自主选择、自由结伴开展活动"。

1.11 地 雷 爆 炸

一、游戏玩法

　　游戏前先用猜拳的形式决出追逐者，其余幼儿为逃跑者。逃跑者可以四散跑，追逐者只要能捉到一个人就算胜利。游戏过程中，逃跑者快被捉住时，可以立即蹲下说"地雷"，以此保护自己，追逐者此时必须停止追击，另外找寻目标。而"地雷"只能原地不动地蹲着，直到其他人来拍一下，并喊"爆炸"，才被解救，继续做逃跑者。被捉住者为下一轮游戏的追逐者（见图1.11.1和图1.11.2）。

图 1.11.1

图 1.11.2

二、现代教育意义

　　地雷爆炸游戏使幼儿在相互追逐躲闪的运动中，锻炼了动作的灵敏性，提高了快速反应能力和奔跑能力。

三、落实《指南》情况

　　地雷爆炸游戏适合中大班幼儿。《指南》在健康领域教育建议中提出"开展丰富多样、适合幼儿年龄特点的各种身体活动，如走、跑、跳、攀、爬等"，要求"4～5岁幼儿能与他人玩追逐、躲闪跑的游戏"。地雷爆炸游戏中，幼儿相互追逐、躲闪、奔跑，在即将被捉住时快速蹲下，锻炼了动作的灵敏性，提高了快速反应能力和躲闪跑能力，同时也将健康领域教育建议中提出的"经常和幼儿一起在户外运动和游戏，鼓励幼儿和同伴一起开展体育活动"这一要求落实到游戏中。

　　《指南》在社会领域要求"4～5岁幼儿感受规则的意义，并能基本遵守规则""5～6岁幼儿理解规则的意义，能与同伴协商制定游戏和活动规则"。在地雷爆炸游戏中，幼儿必须充分理解并遵守游戏的规则，否则游戏无法进行。

1.12　撒　大　撒

一、游戏玩法

（一）传统玩法

两人一组面对面站立，手拉手，脚尖相对，身体尽量向后仰，准备好以后，以脚尖为圆心，不停地转动，而且越转越快，越转身体越向外撒（见图1.12.1）。

图 1.12.1

（二）创新玩法

1. 在传统玩法的基础上，画一个圆圈，让孩子们在圆圈中玩游戏，谁先出圈，谁就算输。

2. 将两个幼儿玩发展成多个幼儿玩。

3. 配上朗朗上口的儿歌，边玩游戏边说儿歌。

二、现代教育意义

撒大撒（也叫转圆圈）游戏要求幼儿必须密切协调配合，在培养幼儿合作意识的同时，能够很好地锻炼幼儿的平衡能力。通过创新，还能培养幼儿的规则意识（见图1.12.2）。

图 1.12.2

三、落实《指南》情况

撒大撒游戏适合大班幼儿。《指南》在健康领域中建议"经常与幼儿玩拉手转圈、秋千、转椅等游戏活动，让幼儿适应轻微的摆动、颠簸、旋转，促进其平衡机能的发展"。撒大撒游戏中两名幼儿手拉手，脚尖相对，不停地转动，这对孩子的合作能力、臂力和耐旋转的能力都是很大的挑战和锻炼。

《指南》在社会领域中建议"幼儿园应多为幼儿提供自由交往和游戏的机会，鼓励他们自主选择、自由结伴开展活动"。撒大撒游戏不需要物质游戏材料，可两人也可多人开展游戏，规则简单，操作性强，幼儿可以随时随地开展游戏，自主性强，幼儿可在游戏中体会到和同伴一起游戏的乐趣。

 儿歌

撒，撒，撒大撒，你也转，我也转，大家一起转转转，看谁先转到圈外面。

1.13 踢 沙 包

一、游戏玩法

图 1.13.1

1. 材料准备：沙包若干。
2. 场地布置：场地布置示意图如图 1.13.1 所示。
3. 游戏过程：一人站圈内，几人在横线外面朝圈内幼儿站好。圈内幼儿将沙包放在脚面上，用力踢出去。若横线外幼儿接住沙包，则往圈内抛掷，圈内幼儿再用力踢出。如果抛到圈内没有被踢出，圈内幼儿失败，换横线外的幼儿重踢；如果沙包被圈内幼儿踢出，或者接住后再用手用力扔出，则横线外幼儿帮圈内幼儿用"丈"（一步）或"脚"来丈量距离，即圈内幼儿所获成绩。如果横线外无人接到沙包，同上方法丈量（见图 1.13.2 和图 1.13.3）。

图 1.13.2

图 1.13.3

二、现代教育意义

此游戏不仅能提高幼儿的应变能力和身体的灵活性，还培养了幼儿的目测能力，进一步锻炼了腿部肌肉的力量。丈量距离的过程则让幼儿学会了不同的测量方法。

三、落实《指南》情况

踢沙包游戏适合大班幼儿。《指南》在健康领域中要求幼儿"具有一定的力量和耐力""具有一定的平衡能力，动作协调、灵敏"。此游戏中通过踢、抛接的玩法巧妙地发展了幼儿的基本动作，提高了幼儿的身体素质。用脚踢沙包不仅能提高幼儿的应变能力和身体的灵活性，锻炼了腿部肌肉的力量，还锻炼了其平衡能力；横线外的幼儿通过接住下落的沙包，向圈内抛沙包，培养了反应能力，锻炼了手眼协调能力和空间判断能力。《指南》在科学领域中指出"要初步感知生活中数学的有用和有趣"，在教育建议中指出"拍球、跳绳、跳远或投沙包时，可通过数数、测量的方法确定名次"。在本游戏中，幼儿不仅要目测距离，还要用"丈"（一步）或"脚"来丈量距离，这样既培养了幼儿的数学思维，又使幼儿在运用数学知识解决实际生活问题的过程中初步感知数学的有用和有趣，能够激发和保持幼儿对数学学习的持久动机和兴趣，使其具有运用数学知识解决实际问题的意识和能力，从而有利于幼儿的后续学习和终身发展。

1.14 踩 竹 高 跷

图 1.14.1

图 1.14.2

一、游戏玩法

（一）传统玩法

1. 材料准备：自制竹高跷。

2. 游戏过程：幼儿双脚踩在竹高跷上行走，走的时间久不掉下来者为胜。

（二）创新玩法

1. 幼儿踩高跷，头顶自制小棉包走。

2. 踩高跷绕、跨障碍走（见图 1.14.1 和图 1.14.2）。

二、现代教育意义

"踩竹高跷"不仅能锻炼幼儿身体的协调和平衡能力，还能使幼儿在活动中获得成功的体验，有助于自信心、求知欲和解决问题能力的提高，从中体验到民间游戏的快乐。

三、落实《指南》情况

踩竹高跷游戏适合大班幼儿。《指南》在健康领域中要求幼儿"具有一定的平衡能力，动作协调、灵敏"，建议利用多种活动发展身体平衡和协调能力，如踩小高跷等游戏活动。踩竹高跷游戏中，从幼儿靠墙站竹高跷到慢慢能离开墙走几步，再到自如地走竹高跷，这是一个循序渐进的过程，需要幼儿有良好的身体协调能力和平衡能力，在游戏中幼儿的臂力和腿部力量要协调一致，勇敢、大胆地尝试才能成功。踩竹高跷游戏中，通过教师讲解、观看视频等形式，幼儿可以了解竹高跷的知识，以及各地有关竹高跷的习俗，契合了《指南》中"利用民间游戏、传统节日等，适当向幼儿介绍我国主要民族和世界其他国家和民族的文化，帮助幼儿感知文化的多样性和差异性"的要求。

1.15 掷 沙 包

一、游戏玩法

（一）传统玩法

1. 材料准备：沙包一只。

2. 场地布置：两条相距 5 米的横线。

3. 游戏玩法：1～2 人做投掷者在两横线外相对而立，其中一人手持沙包，其余幼儿做躲避者面朝持沙包者，站在两横线距离之内，站立时应尽量靠近另一投掷者。游戏开始，持沙包者向躲避者投掷沙包，躲避者则尽量躲避或接住沙包，并立即转身向刚才的投掷者跑去。若被沙包击中，则"牺牲"退出游戏；若接住沙包，则可享受豁免一次，即下一次被沙包击中而不"牺牲"。对面的投掷者待沙包掷过来，则立刻捡起并向躲避者掷出，如此反复，待躲避者全部被击中退出，则互换角色，游戏重新开始（见图 1.15.1）。

图 1.15.1

（二）创新玩法

1. 中间的躲避者不再是任意躲闪，而是在规定的范围内，如指定的方格或橡胶垫内躲闪（见图 1.15.2）。

图 1.15.2

2. 3～5 人做躲避者站到 8 块橡胶垫上，每被击中一次，就拿掉一块垫子，在规定时间内，剩余垫子多者为胜（见图 1.15.3）。

图 1.15.3

二、现代教育意义

此游戏参与人数较多，能有效地培养幼儿的团队合作意识。通过投掷、躲闪等运动还能锻炼幼儿手臂的投掷能力、手眼协调能力、空间判断能力及敏捷的反应能力。

三、落实《指南》情况

掷沙包游戏适合大班幼儿。《指南》在健康领域的动作发展目标中要求幼儿"具有一定的平衡能力，动作协调、灵敏""具有一定的力量和耐力"，其中，要求"5～6岁幼儿能躲避他人滚过来的球或扔过来的沙包""3～4岁幼儿能单手将沙包向前投掷2米左右""4～5岁幼儿能单手将沙包向前投掷4米左右""5～6岁幼儿能单手将沙包向前投掷5米左右"。此游戏中活动场地为5米长的横线，活动起来范围比较大，所以适合大班幼儿。游戏中投掷者要判断躲闪者的方位、移动路线等，尽量用沙包打中躲避者，这一过程锻炼了幼儿手臂的投掷能力，手眼协调能力，空间判断能力；躲避者则尽量躲避或接住沙包，并立即转身向刚才的投掷者跑去，锻炼了幼儿敏捷的反应能力、奔跑能力。

《指南》在社会领域中指出，"幼儿园应多为幼儿提供需要大家齐心协力才能完成的活动，让幼儿在具体活动中体会合作的重要性，学会分工合作"。此游戏参与人数较多，投掷者与躲避者的分配需要大家协商，然后一起玩才能体会到游戏的乐趣，所以此游戏能有效地培养幼儿的团队合作意识，让幼儿体验和同伴游戏的快乐。

1.16 挤 油 渣

一、游戏玩法

全体幼儿沿墙根一字排开，一起往中间挤，挤时可以将手臂用力贴墙，努力将其余幼儿挤出。被挤出来的幼儿回到边上继续向中间挤，游戏至幼儿尽兴为止。

图 1.16.1

被挤出的幼儿也可以退出游戏，为继续进行游戏的幼儿呐喊加油。坚持到最后而不被挤出的幼儿，即为游戏胜利者。如此游戏反复进行（见图 1.16.1 和图 1.16.2）。

二、现代教育意义

挤油渣游戏在相互推挤过程中增强了幼儿身体间的接触，密切了幼儿间的关系。幼儿在游戏中为了不被挤出，还要很好地控制自己的身体，培养了对身体的控制和协调能力。

图 1.16.2

三、落实《指南》情况

挤油渣游戏适用于大班幼儿。《指南》从身体素质的角度提出了幼儿在大肌肉动作方面要"具有一定的平衡能力，动作协调、灵敏"和"具有一定的力量和耐力"的发展目标，挤油渣游戏中幼儿通过手臂、身体相互使劲，挤出他人，并努力使自己不被挤出，很好地培养了幼儿对身体的控制能力和协调能力，增强了肌肉力量和耐力。《指南》的社会领域中建议应"创造交往的机会，让幼儿体会交往的乐趣"鼓励幼儿参加小朋友的游戏"感受有朋友一起玩的快乐"。此游戏增强了幼儿身体间的接触，密切了幼儿间的关系，符合《指南》的要求。

1.17　花样玩沙包

一、游戏玩法

（一）传统玩法

1. 材料准备：沙包、球篮等。

2. 游戏玩法：

（1）走：将沙包放在头顶上或一只脚的脚背上向前走（见图 1.17.1）。

图 1.17.1

（2）踢：将沙包放在脚背上，用力向前踢或向上踢，并双手接住。

（3）抛接：将沙包放在掌心，向上抛起，并用手接住（见图 1.17.2）。

图 1.17.2

（4）投：将沙包投入有一定距离的目标中（见图1.17.3）。

（二）创新玩法

当幼儿熟悉以上传统玩法后，可以两人结伴，其中一幼儿踢沙包，另一幼儿双手接，然后互换，如此反复进行。

二、建议

各种玩法依据难易程度和幼儿发展水平进行，鼓励幼儿在玩的过程中创造多种玩法。

三、现代教育意义

此游戏发展了幼儿动作的协调

图 1.17.3

性、敏捷性和平衡性，同时锻炼了幼儿上下肢大肌肉的发展，培养了幼儿的合作精神。

四、落实《指南》情况

《指南》中围绕幼儿的身体素质提出了"具有一定的平衡能力，动作协调、灵敏"和"具有一定的力量和耐力"的发展目标。此游戏通过走、踢、抛接、投掷的玩法有目的地将幼儿基本动作的发展与身体素质的提高有机结合起来，用脚踢出沙包能提高幼儿的应变能力和身体的灵活性，锻炼腿部肌肉的力量，通过接住下落的沙包又培养了幼儿反应能力。投的玩法中规定了要将沙包投入有一定距离的目标中，幼儿首先要目测距离，并多次尝试感受投掷的力量。此项游戏既锻炼幼儿的手眼协调能力和空间判断能力，发展动作的协调性和灵活性，还能使幼儿从中体验到民间游戏的快乐，这符合《指南》中社会领域的要求"感受有朋友一起玩的快乐"，让幼儿体验与同伴游戏的快乐。

1.18 跳 竹 竿

一、游戏玩法

（一）传统玩法

1. 材料准备：长 3 米左右、直径 4 厘米的竹竿若干。

图 1.18.1

2. 游戏过程：两个小朋友手拿竹竿面对面蹲下，用竹竿同时分合敲击地面，一名幼儿在竹竿中间根据竹竿的分合跳进或跳出（见图 1.18.1）。

（二）创新玩法

1. 平行跳竹竿：4 对竹竿平行摆开，每对之间大约 60 厘米的距离，竹竿两端各有一名幼儿负责敲竹竿，其余幼儿两人一组跳竹竿（见图 1.18.2）。

2. "之"字形跳竹竿：将 4 对竹竿在传统跳法的基础上变换成"之"字形。幼儿在跳的过程中不断变换方向，左右脚交替跳（见图 1.18.3）。

图 1.18.3

图 1.18.2

3.	"口"字形跳竹竿：竹竿由"之"字形变换为"口"字形，为避免碰撞，幼儿分别从"口"字形内外交替跳竹竿（见图 1.18.4）。

4.	"十"字形跳竹竿：竹竿由"口"字形变为"十"字形，幼儿分别站在"十"字形的一边，跟随音乐跳竹竿（见图 1.18.5）。

5.	三角形跳竹竿：竹竿由"口"字形变为三角形，幼儿分别站在三角形的一边，跟随音乐跳竹竿（见图 1.18.6）。

图 1.18.4

图 1.18.5

图 1.18.6

二、现代教育意义

竹竿舞是黎族、佤族和苗族等少数民族特有的一种舞蹈，在有节奏、有规律的碰击声里，跳舞者在竹竿分合的瞬间不但要敏捷地进退跳跃，而且要潇洒自如地做各种优美的动作。竹竿舞既是一种艺术活动，也是一种体育活动。跳竹竿游戏源于竹竿舞，它既能提高幼儿身体的灵敏性、协调性和节奏感，提高弹跳能力，同时又能在愉快的气氛中培养合作交往的能力。

三、落实《指南》情况

　　跳竹竿游戏适合中大班幼儿。首先，《指南》在健康领域中要求幼儿"动作协调、灵敏"，幼儿通过在一开一合的竹竿间跳跃，提高了弹跳能力，动作协调度和灵敏度都有提升。其次，《指南》在艺术领域中的目标要求"能用拍手、踏脚等身体动作或可敲击的物品敲打节拍和基本节奏"等，幼儿通过在有节奏的、有规律的碰击声里做各种动作，从而对节奏进行感知。再次，在艺术领域中建议"创造机会和条件，支持幼儿自发的艺术表现和创造"。在跳竹竿游戏中，随着幼儿对基本动作的进一步熟练和对音乐的不同感受，幼儿会不断创造新的动作，表现力和创造力得到了提高。最后，幼儿听音乐，跳竹竿舞，负面情绪能有效宣泄，能保持愉快的情绪，这也正符合《指南》中"情绪安定愉快"的目标要求。

1.19 跳 房 子

一、游戏玩法

（一）传统玩法

1. 材料准备：沙包一个。

2. 场地布置：事先画好各种"房子"图案。

3. 游戏过程：

图 1.19.1

（1）九格房：第一次，用手将沙包扔向第一格，单双脚轮流向前跳，遇到横线单脚跳，遇到竖线双脚跳，跳到第九格后按原跳法返回，至第二格单腿站立将沙包捡起。第二次，将沙包扔向第二格，玩法同上。谁最快跳完八格为赢。中途未捡起沙包或踩线者均为输（见图 1.19.1）。

（2）馒馒房：第一次，将沙包拿在手上，单双脚轮流向前跳，跳法同九格房，跳至半圆房顶后按原跳法返回。第二次，低头将沙包放在颌下夹住，跳法同上。第三次，将头偏向一侧将沙包夹住，跳法同上。最快跳完五次房者为赢，中途沙包落地或踩线者均为输（见图 1.19.2）。

图 1.19.2

（3）三线房：第一次，用手将沙包扔向第一格，然后双脚夹住沙包跳向第二格，同样方法把沙包运至第三格后按原路原跳法返回，最后，双脚夹住沙包并将沙包抛起并用手接住。第二次，将沙包扔向第二格，玩法同上。第三次，将沙包扔向第三格，玩法同上。第四次，背对房子站在第一条线后向后扔沙包。沙包落在第几格就跳第几格，最快跳完四次的为赢。沙包没被抛起、压线、落错格、脚踩线或最后没接住沙包均为输（见图 1.19.3）。

（二）创新玩法

可以从房子的形状、材料等方面进行创新，如格子房（见图 1.19.4）、呼啦圈轮胎房（见图 1.19.5）等。

二、现代教育意义

跳房子游戏不仅促进了幼儿跑、跳、平衡等动作的发展，而且增强了对身体的控制能力。在自由自主、开放的游戏活动中，幼儿的竞争意识、合作交往能力、自主能

图 1.19.4

图 1.19.3

图 1.19.5

力都得到了进一步的发展。

三、落实《指南》情况

跳房子游戏适合中大班幼儿。跳房子游戏中幼儿需单双脚轮流向前跳，落实了《指南》在健康领域中要求的 4～5 岁幼儿"能单脚连续向前跳 5 米左右" 5～6 岁幼儿"能单脚连续向前跳 8 米左右"及教育建议中"鼓励幼儿进行跑跳、钻爬、攀登、投掷、拍球等活动"。游戏中幼儿需将沙包投掷到指定地点，符合《指南》在健康领域中对 4～5 岁幼儿"能单手将沙包向前投掷 4 米左右"及 5～6 岁幼儿"能单手将沙包向前投掷 5 米左右"的要求。跳房子时单腿站立并捡起沙包，需要幼儿保持好身体的平衡，是对《指南》中提出的"利用多种活动发展身体平衡和协调能力"的体现。创新玩法中的跳呼啦圈轮胎房在幼儿单脚连续跳的基础上，提高了跳的高度，提升了难度，又将《指南》在社会领域提出的"鼓励幼儿尝试有一定难度的任务，并注意调整难度，让他感受经过努力获得的成就感"落实到了游戏中。

1.20 爆 米 花

一、游戏玩法

（一）传统玩法

若干幼儿手拉手围成圆圈，圆圈即为爆米花的"锅"，另请 8～10 名幼儿钻到圈内当"米粒"（见图 1.20.1）。

图 1.20.1

游戏儿歌：锅子转，爆米花，锅里米粒噼噼啪，时间到了就爆炸，砰！米花熟了快来抓！"游戏开始，"锅"沿顺时针方向边走边念儿歌。念到"砰"时，"锅"和"米粒"同时向上蹦跳，接着"锅"立即蹲下，松开相拉的手，表示"锅盖"打开了（见图 1.20.2）。当念到"抓"时，"米粒"赶快往圈外跑，"锅"立即站起，手拉手，将未跑出的"米粒"围在圈内。跑出的"米粒"充实到"锅"队伍中，其余"米粒"仍在圈内，游戏继续进行，直至"米粒"全部跑出，调换角色，游戏重新开始。

（二）创新玩法

将"锅"沿顺时针方向转圈改为幼儿单腿交替跳跃前进（见图 1.20.3），等幼儿对游戏较熟练时，再将"锅"沿顺时针方向转圈改为幼儿随节奏互换蹲起，一半幼儿蹲，另一半幼儿起。

二、现代教育意义

此游戏符合幼儿活泼爱动的天性，又充满趣味性，游戏中既能培养幼儿动作的灵

图 1.20.2

图 1.20.3

敏性，也有利于提高幼儿的反应速度。创新玩法使幼儿对游戏增加了兴趣，幼儿按节奏蹲起或单腿交替跳跃，更是丰富了游戏的花样，增加了游戏的难度，调动了幼儿的游戏兴趣。

三、落实《指南》情况

爆米花游戏适合中大班幼儿。《指南》在健康领域要求"发展幼儿动作的协调性和灵活性"；在社会领域中建议，"幼儿园应多为幼儿提供需要大家齐心协力才能完成的活动，让幼儿在具体活动中体会合作的重要性，学习分工合作"。爆米花游戏中，幼儿边念儿歌边游戏，"锅"需要幼儿手拉手紧密合作，听从儿歌里的统一指令做动作，并迅速恢复原有队形防止"米粒"的逃离，而"米粒"却要快速撤离，这对孩子的合作能力、动作灵活性和协调性以及反应能力都是很大的挑战和锻炼。

1.21 乒铃乓啷起

一、游戏玩法

（一）传统玩法

两名幼儿面对面站立，双脚并拢向上跳两下，边跳边说"乒铃乓啷——"，当说到"起"时，各自出"榔头、剪刀、布"中的任何一种，比较输赢。输方用食指指着自己的鼻子，胜方说出一个五官名称，输方指相应部位。指对了，双方继续游戏，若指错，游戏重新开始（见图 1.21.1）。

（二）创新玩法

1. 胜方说出身体的其他部位（如肩膀、腿、脚等）或身边的其他实物道具让输方指。

2. 由两名幼儿扩展到三名及以上幼儿，玩法同上，输的几方互相指对方所说的名称（见图 1.21.2）。

图 1.21.1

图 1.21.2

二、现代教育意义

此游戏很好地培养了幼儿反应的灵敏性，增强了幼儿间的合作能力，进一步熟悉了身体的各个部位。

三、落实《指南》情况

乒铃乓啷起游戏适合小中班幼儿。《指南》在"说明"中指出："儿童的发展是一个整体，要注重领域之间、目标之间的相互渗透和整合，促进幼儿身心全面协调发展"。乒铃乓啷起游戏中，穿插了健康领域中的双脚并拢向上跳和认识身体各个部位，以及语言领域中的简单儿歌的表述，充分体现了《指南》中"重视幼儿健康领域与其他领域教育的有机结合"，各领域间有机结合、相互渗透，才能促进幼儿身心全面协调地发展。《指南》在健康领域中建议"发展幼儿动作的协调性和灵活性"；在社会领域中建议"幼儿园应多为幼儿提供需要大家齐心协力才能完成的活动，让幼儿在具体活动中体会合作的重要性"。乒铃乓啷起游戏中，幼儿向上跳的同时，还要迅速地做出"榔头、剪刀、布"其中的一种动作，对幼儿动作的协调性和灵活性提出了更高的要求。创新玩法中增加至三名及以上幼儿，提高了游戏的难度，游戏必须经过多人共同努力、团结合作才能完成，继而赢得胜利，有利于让幼儿认识合作的重要性，培养幼儿的合作能力。

1.22 占 四 角

一、游戏玩法

（一）传统玩法

1. 场地布置：在场地上画 4～6 个四边形。

2. 游戏过程：四名幼儿分别站在四个角落，一名幼儿站在中间发令，然后五名幼儿一起跑动抢占四个角落，占到者为胜，反之为输，输者与发令员互换。游戏重新开始（见图 1.22.1）。

（二）创新玩法

幼儿熟练玩法后，进行"占三角""占五角""占六角"等游戏（见图 1.22.2）。

图 1.22.1

图 1.22.2

二、现代教育意义

此游戏可以锻炼幼儿的躲闪及奔跑能力，训练幼儿听指令快速反应能力，同时也渗透了对多边形的认识。

三、落实《指南》情况

占四角游戏适合小中大班幼儿。《指南》在健康领域的动作发展目标中要求"3~4岁幼儿分散跑时能躲避他人的碰撞""4~5岁幼儿能与他人玩追逐、躲闪跑的游戏""5~6岁幼儿能躲避他人滚过来的球或扔过来的沙包"。游戏中，幼儿听到指令快速抢占四角，在反复游戏中锻炼了幼儿的躲闪及奔跑能力，促进幼儿动作的发展。同时幼儿在传统玩法和创新玩法过程中感知了多种几何图形，与《指南》在科学领域的数学认知目标中要求的"3~4岁幼儿感知和发现周围物体的形状是多种多样的，对不同的形状感兴趣""4~5岁幼儿在指导下，感知和体会有些事物可以用形状来描述"相契合。同时幼儿在反复游戏中掌握了游戏规则，知道人数总是比角数多1，角数总比人数少1，这也正好落实了《指南》在科学领域中提出的"感知和理解数、量及数量关系""能通过实际操作理解数与数之间的关系"的要求。

1.23 剁 白 菜

一、游戏玩法

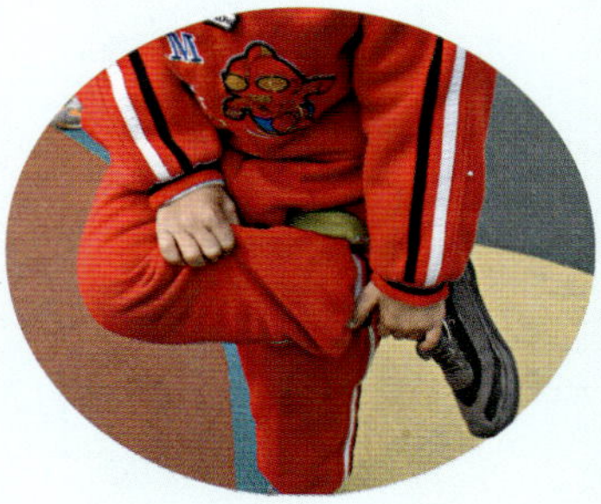

（一）传统玩法

1. 材料准备：沙包若干。

2. 游戏过程：幼儿用一手搬起一脚至大腿处，另一只手呈刀状，边说"剁呀剁呀剁白菜"，边以掌侧在搬起的腿上做剁白菜动作，同时另一条腿按节奏在原地跳，单腿支撑时间最长者为胜（见图 1.23.1 和图 1.23.2）。

图 1.23.1

（二）创新玩法

1. 在传统玩法的基础上，幼儿在搬起的腿弯处夹一沙包进行游戏。

2. 在传统玩法的基础上，用下颌夹一沙包进行游戏（见图 1.23.3）。

二、现代教育意义

此游戏锻炼了幼儿的单腿弹跳能力和身体协调能力，很好地培养了幼儿的毅力和耐力。

图 1.23.2

图 1.23.3

三、落实《指南》情况

剁白菜游戏适合中大班幼儿。《指南》在健康领域的动作发展中要求幼儿"具有一定的平衡能力，动作协调灵敏""具有一定的力量和耐力"，建议利用多种活动发展身体平衡和协调能力；在语言领域中要求幼儿"愿意讲话并能清楚地表达"，建议为幼儿创造说话的机会并体验语言交往的乐趣。剁白菜游戏中，幼儿手脚并用和单脚支撑，锻炼了幼儿的身体协调能力和忍耐力。另外，游戏过程中与简单儿歌的结合，能引导幼儿清楚地表达，提高语言表达能力。创新玩法中利用身体的不同部位夹沙包，在增加游戏难度的同时，也增加了游戏的乐趣。幼儿在不断挑战自我的同时，促进了身体协调能力的发展，收获了游戏的乐趣。

1.24 攻 城 堡

图 1.24.1

一、游戏玩法

1. 材料准备：珍宝若干，可用金鱼沙包等材料代替（见图 1.24.1）。

2. 场地布置：画一个大圈。

3. 游戏过程：少数幼儿站圈内做"守城"人，守护金鱼沙包做成的"珍宝"，多数幼儿站圈外做"攻城"人。游戏开始，攻城人尽量避开守城人进入圈内抢"珍宝"，若被守城人拍到，即为"攻城"失败，退出游戏。若"珍宝"被抢光，则表示"城"被攻破。然后互换角色，游戏重新开始（见图 1.24.2 和图 1.24.3）。

二、现代教育意义

此游戏使幼儿在与同伴合作的过程中，提高了躲闪能力和动作的灵敏性。

三、落实《指南》情况

攻城堡游戏适合中大班幼儿。《指南》在健康领域中要求幼儿"动作协调、灵敏"，"分散跑时能躲避他人的碰撞"；在社会领域中建议"幼儿园应多为幼儿提供需要大家齐心协力才能完成的活动，让幼儿在具体活动中体会合作的重要性"。攻城堡游戏中，攻城人为了躲避守城人的追击，要迅速地奔跑和躲闪，才能抢到"珍宝"，这对幼儿的奔跑能力、躲闪能力、动作的灵敏性都提出了要求。此外，守城人为了保护"珍宝"，需要齐心协力、团结合作，这对幼儿的合作能力是很大的挑战和锻炼。

图 1.24.2

图 1.24.3

1.25　脚尖、脚跟、脚尖踢

一、游戏玩法

（一）传统玩法

　　幼儿双手叉腰，边说儿歌边跳。"脚尖"（左脚尖朝后点地），"脚跟"（右脚尖朝前点地），"脚尖踢"（将左脚尖朝右前方点地，接着向左前方踢）第二遍换左脚，依次反复进行（见图1.25.1）。

图1.25.1

（二）创新玩法

　　四人一组，边踢边往前走进行比赛，最先到达终点并且队伍整齐的一组为胜（见图1.25.2）。

图1.25.2

二、现代教育意义

　　此游戏能够锻炼幼儿身体的协调能力和双腿交替弹跳能力，还能促进幼儿运动的耐力。

三、落实《指南》情况

　　脚尖、脚跟、脚尖踢游戏适合大班幼儿。《指南》在健康领域的动作发展目标中要求幼儿"具有一定的平衡能力，动作协调、灵敏"。在社会领域中建议"幼儿园应多为幼儿提供需要大家齐心协力才能完成的活动，让幼儿在具体活动中体会合作的重要性"。脚尖、脚跟、脚尖踢游戏中，幼儿边说儿歌边做动作，对幼儿的身体协调性和动作的灵活性、连贯性是一个很大的挑战，对双腿的交替弹跳也提出了更高的要求。创新玩法中，幼儿间的团结合作、齐心协力以及动作的协调一致是非常重要的，幼儿在比赛中体验了合作的重要性和乐趣。

1.26 跳 皮 筋

一、游戏玩法

1. 材料准备：长 8～9 米的皮筋两根。

2. 游戏过程：将皮筋打结，两名幼儿相对而立，用腿将皮筋撑成两条平行线，一人或多人边唱古诗、儿歌，边有节奏地用跨线跳、踩线跳、单双脚混合跳等多种方法跳皮筋（见图 1.26.1 和图 1.26.2）。

图 1.26.1

图 1.26.2

二、现代教育意义

跳皮筋是我国传统的民间游戏。在跳皮筋游戏过程中，很好地锻炼了幼儿身体的协调性、弹跳性和灵活性，有效提高了幼儿的节奏感。

三、落实《指南》情况

跳皮筋游戏适合中大班幼儿。《指南》在健康领域的动作发展中要求幼儿"具有一定的平衡能力，动作协调、灵敏"。孩子们在跳皮筋游戏中通过踩、压、勾、挑、跨、绕、踢等多种腿部基本动作，增强了下肢肌肉力量，提高了弹跳力，对发展身体的灵活性、柔韧性和协调性有着积极的促进作用。同时把跳皮筋游戏和民间童谣巧妙地结合在一起，边跳边唱非常有趣，正好符合了幼儿活泼好动的特点，发展了幼儿的语言能力。

1.27　花样玩绳

一、游戏玩法

（一）传统玩法

1. 材料准备：长 4 米的麻绳一根，幼儿小跳绳若干。

2. 游戏过程：双手摇绳，双脚跳过绳。跳绳方法多种多样，有单人双脚跳、双人跳、倒着跳、单脚跳、跑着跳、一分钟比赛等形式。也可做绳子游戏，如跳圈、跳高等，还可用长麻绳进行单人跳、双人跳、多人跳等游戏（见图 1.27.1 和图 1.27.2）。

（二）创新玩法

1. 多人合作，两名幼儿拉绳，其他幼儿跳跃（见图 1.27.3）。

2. 将跳绳套在一名幼儿胸前做"马车"，驾车幼儿在后面手牵绳子"驾车"（见图 1.27.4）。

图 1.27.1

图 1.27.2

图 1.27.3

图 1.27.4

二、现代教育意义

通过跳绳可以训练幼儿的身体平衡，手、腿、眼的协调等能力，培养幼儿的节奏感。

三、落实《指南》情况

花样玩绳游戏适合中大班幼儿。《指南》倡导"最大限度地支持和满足幼儿通过直接感知、实际操作和亲身体验获取经验的需要"。在花样玩绳的活动中，幼儿通过探索、操作，一物多玩，体验创造性玩绳的乐趣，发展了幼儿的想象力、创造力、思维能力，如单人跳、倒着跳、跑着跳等，还有绳子游戏如跳圈、跳高等，让幼儿充分尝试各种不同的玩法，使幼儿获得自身经验和总结，增强了幼儿对游戏的兴趣。

《指南》在健康领域的动作发展中要求幼儿"动作协调、灵敏"，4～5岁幼儿"能助跑跨跳过一定高度的物体"。花样玩绳的过程中，幼儿通过跳、跑等动作，发展了身体动作的协调性和灵敏性。同时，创新玩法中的两名幼儿拉绳，其他幼儿跳跃可以锻炼幼儿的跨跳能力。

《指南》在社会领域中指出"幼儿园应多为幼儿提供需要大家齐心协力才能完成的活动，让幼儿在具体活动中体会合作的重要性，学习分工合作"。孩子们对玩绳有着浓厚的兴趣，如双人跳、多人跳，还有创新玩法"赶马车"等活动，可以让孩子们在积极主动的参与游戏中，建立良好的同伴合作关系，提高幼儿的合作与团结意识，发展合作技能。

1.28 "野兔"找"洞"

一、游戏玩法

1. 材料准备：呼啦圈若干（见图 1.28.1）。

2. 游戏过程：每个呼啦圈为一个"山洞"，每个"洞"里藏一名幼儿做"野兔"，但有一只"野兔"没有"山洞"。游戏开始，"野兔"钻出"山洞"，到外面一边玩一边念儿歌"小野兔，蹦蹦跳，猎人一来快快跑。跑到东，跑到西，跑到洞中最安全"。儿歌结束，"野兔"快速钻进"山洞"，剩下的一只没有"山洞"的"野兔"被淘汰，拿一个"山洞"下场，其余"野兔"继续玩游戏。钻进最后一个"山洞"者为赢（见图 1.28.2）。

图 1.28.1

二、现代教育意义

此游戏在培养幼儿反应能力的同时，锻炼了幼儿的跑、跳能力，增强了幼儿的下肢力量。

三、落实《指南》情况

野兔找洞游戏适合小班幼儿。《指南》在健康领域中要求幼儿"具

图 1.28.2

有一定的平衡能力，动作协调、灵敏"，3～4 岁幼儿"能身体平稳地双脚连续向前跳"。《指南》在语言领域中要求 3～4 岁幼儿"喜欢跟读韵律感强的儿歌、童谣"。野兔找洞游戏中，幼儿扮演"野兔"，边跳边说儿歌，在不断的游戏中发展了动作的协调性和灵活性，培养了幼儿对儿歌的兴趣，以及语言的表达能力。此外，寻找"山洞"的过程，也对幼儿的快速反应能力提出了更高的要求，有助于培养幼儿对问题的快速判断、迅速反应能力。

1.29 找 朋 友

图 1.29.1

一、游戏玩法

（一）传统玩法

幼儿手拉手围成一个圆圈，中间一名幼儿为指挥，边唱《找朋友》边按同一方向转动，唱完歌曲后，指挥幼儿发出指令如"三个好朋友"，则三个幼儿抱在一起，以示找到好朋友。未找到朋友的幼儿退出游戏。游戏继续，指挥幼儿不断变换指令，幼儿听指令找相应的好朋友（见图 1.29.1）。

（二）创新玩法

在传统玩法的基础上，每名幼儿胸前挂一个图形娃娃挂饰，听指令按颜色、图形、大小等找朋友（见图 1.29.2）。

二、现代教育意义

此游戏在提高幼儿快速反应能力的同时，密切了幼儿间的情感，培养了幼儿的规则意识和竞争意识。

图 1.29.2

三、落实《指南》情况

找朋友游戏适合小中大班幼儿。《指南》在健康领域中指出"开展丰富多样、适合幼儿年龄特点的各种身体活动"；社会领域中指出"在群体活动中积极、快乐""理解规则的意义，能与同伴协商制定游戏和活动规则"；科学领域中要求"在指导下，感知和体会有些事物可以用形状来描述""对不同的形状感兴趣"；在"说明"中指出："儿童的发展是一个整体，要注重领域之间、目标之间的互相渗透和整合，促进幼儿身心全面协调发展。"找朋友游戏中融合了合作、规则、数数、反应能力、按要求分类等多个领域的目标，锻炼了幼儿的综合素质。

建议小班幼儿在进行该游戏时，侧重于对数的感知，数目不宜太大，控制在三个以内，也可以加入简单的形状分组，如圆形、三角形；中大班幼儿在进行游戏时，可以根据孩子的数量和认知水平逐渐增加"找朋友"的数量，对于大班幼儿来说，十个以内的数量都可以完成；中班幼儿可以加入对不同形状进行表述的环节，大班幼儿可以加入按不同形状进行排序的环节，增强游戏的挑战性和趣味性。

1.30 抢椅子

一、游戏玩法

（一）传统玩法

1. 材料准备：小鼓一面，椅子七把。
2. 场地布置：七把椅子呈圆形摆放（见图 1.30.1）。
3. 游戏过程：八名幼儿围着椅子站好，游戏开始，幼儿

图 1.30.1

听鼓声围绕椅子按同一方向转动，鼓声停止，幼儿快速抢坐椅子，抢不到椅子的幼儿退出游戏，同时撤掉一把椅子。如此反复游戏，直至最后坐到椅子的一名幼儿为胜（见图 1.30.2）。

图 1.30.2

（二）创新玩法

游戏开始，八名幼儿听鼓声围绕椅子按同一方向走动，鼓声停止，所有幼儿快速抢椅子坐下（没有椅子的幼儿也要快速和别人同坐一把椅子）。游戏反复进行，椅子逐次减少，直至最后所有幼儿同坐一把椅子（见图 1.30.3）。

二、现代教育意义

此民间游戏可以锻炼幼儿动作的敏捷性，训练幼儿听节奏快速反应的能力，提高幼儿的竞争意识。

三、落实《指南》情况

抢椅子游戏适合中大班幼儿。《指南》在健康领域的动作发展中要求幼儿"动作协调、灵敏"。

图 1.30.3

在社会领域中建议"经常和幼儿一起参加一些群体性的活动，让幼儿体会群体活动的乐趣"。抢椅子游戏中，幼儿听信号快速反应、绕椅子转圈、抢椅子，锻炼了幼儿的快速反应能力和注意力、身体的协调性和灵敏性。同时，抢椅子活动是一项群体性活动，幼儿在集体中游戏、交往，有利于培养幼儿的合作意识和竞争意识，提高幼儿的交往能力和语言表达能力，体验游戏的快乐。

1.31 踩高跷

图 1.31.1

一、游戏玩法

（一）传统玩法

1. 材料准备：自制简易高跷（见图 1.31.1）。

2. 游戏过程：平地走接力赛，幼儿在塑胶地面上行走；钻山洞接龙，两名幼儿拉手呈山洞状，其他幼儿穿越山洞；障碍赛，幼儿绕椅子走"S"形。均为先走完的一组获胜（见图 1.31.2 和图 1.31.3）。

（二）创新玩法

幼儿踩着高跷上下楼梯（见图 1.31.4）。

图 1.31.2

图 1.31.3

图 1.31.4

二、现代教育意义

踩高跷发展了幼儿的平衡能力和身体的协调性，促进了大肌肉群的发展，还能帮助幼儿克服畏惧心理，培养幼儿积极勇敢的精神品质。

三、落实《指南》情况

踩高跷游戏适合中大班幼儿。《指南》在健康领域的动作发展目标中对中大班幼儿的要求是"具有一定的平衡能力，动作协调、灵敏""具有一定的力量和耐力""能在较窄的低矮物体上平稳地走一段距离""能在斜坡、荡桥和有一定间隔的物体上较平稳地行走"。同时《指南》在教育建议中指出："利用多种活动发展身体平衡和协调能力，如走平衡木、踩小高跷等游戏活动。"在走高跷游戏中，要走得稳当，首先要将脚底的中心踩在高跷上，绳子往上提，拉得紧紧的，走稳一步再走下一步。在这个过程中，必须做到双手双脚协调配合才能前行，身体的平衡能力和协调能力都能得到锻炼，达成了《指南》的目标要求。同时，教师在游戏过程中应充分理解和尊重幼儿发展进程中的个体差异，支持和引导他们从原有水平向更高水平发展，按照自身的速度和方式到达《指南》所呈现的发展"阶梯"，切忌用一把"尺子"衡量所有幼儿。

1.32 吹 羽 毛

图 1.32.1

一、游戏玩法

（一）传统玩法

1. 材料准备：羽毛若干（见图 1.32.1）。
2. 场地布置：桌子或橱子。
3. 游戏过程：两人站在桌子的两侧，同时吹羽毛，将羽毛吹到对方的一侧落下为胜（见图 1.32.2）。

（二）创新玩法

四人轮流吹羽毛，吹向哪里自己决定。也可两人为一组同时吹羽毛，共分两组，各组先后吹羽毛，分别测量吹出的距离，根据距离远近决定胜负（见图 1.32.3）。

二、现代教育意义

吹羽毛游戏不仅有利于锻炼幼儿的肺活量，而且有利于培养幼儿的规则意识、合作意识，使幼儿学会用不同的工具进行测量。

三、落实《指南》情况

吹羽毛游戏适合中大班幼儿。《指南》在健康领域中建议"开展丰富多样、适合幼儿年龄特点的各种身体活动""鼓励幼儿坚持下来，不怕累"；在社会领域中建议"帮助幼儿了解基本行为规则或其他游戏规则，

图 1.32.2

图 1.32.3

体会规则的重要性，学习自觉遵守规则"；在科学领域中建议"引导幼儿感知和理解事物'量'的特征"。吹羽毛游戏中，幼儿通过吹，锻炼了肺活量，提高了对动作的控制能力。在游戏中，幼儿不能用手或其他身体部位协助，只能用嘴吹，有利于培养幼儿的规则意识。同时，通过测量，判断谁吹的距离远，谁吹的距离近，使得幼儿在一对一配对的过程中发现两组物体的大小、多少，从而掌握"量"的特征。

1.33 放 鞭 炮

一、游戏玩法

（一）传统玩法

三人玩。一幼儿当"鞭炮"，另外两个幼儿背对着"鞭炮"，指定一人当"火"。游戏开始，两人一齐走到"鞭炮"的面前时问："你猜谁是火？"扮"鞭炮"的幼儿根据自己的判断，指其中一人说："你是火。"如果指得对，扮"火"的幼儿就说"砰"，表示"鞭炮"被"火"点着了，幼儿四散跑。如果指错了，不是"火"的幼儿便要发出"嗞"的声音，去捉"鞭炮"（见图 1.33.1）。

图 1.33.1

（二）创新玩法

集体玩。幼儿手拉手围成圈，一幼儿蹲在圈中间扮作鞭炮，指定圈上的一名幼儿扮作"火"。扮"鞭炮"的幼儿根据自己的判断猜猜谁是"火"。如果指错了，大家表示不对。如果指得对，扮"火"的幼儿就说"砰"，表示"鞭炮"被"火"点着了，幼儿四散跑，"鞭炮"则去捉一名幼儿表示被"炸"到。捉住后角色互换，游戏重新开始（见图 1.33.2）。

图 1.33.2

二、现代教育意义

此游戏采用孩子生活中所熟悉的"放鞭炮"为游戏情景，孩子们非常感兴趣，既锻炼了幼儿的快速跑动能力、身体协调能力及思维能力，还培养了他们的规则与合作意识。

三、落实《指南》情况

此游戏适合中班幼儿。《指南》在社会领域中要求 4～5 岁幼儿"感受规则的意义，并能基本遵守规则"。在健康领域中要求幼儿"动作协调、灵敏"。在此游戏过程中，首先需要幼儿听清、弄懂游戏玩法和规则，才能玩好游戏，使幼儿感受到规则的意义，知道只有遵守规则才能做游戏，培养了规则意识。游戏时，要求集中注意力，才能快速跑开，不被捉到。在此过程中，锻炼了幼儿的快速跑动能力、身体协调能力及思维能力，培养了规则与合作意识，符合《指南》要求。

1.34　蝴蝶和小猫

图 1.34.1

一、游戏玩法

（一）传统玩法

1. 场地布置：画直径 5 米的大圆圈，大圆圈内画一个直径 1 米的小圆圈当小猫的家。

2. 游戏过程：请一名幼儿扮小猫蹲在"家"里装睡，其他幼儿扮蝴蝶在大圆圈里飞来飞去。当教师拍手说："小猫醒了"，"小猫"马上去捉"蝴蝶"，"蝴蝶"被拍到或跑出大圆圈都算被捉到。被捉到者站到"小猫"家里。捉到两三只后游戏结束。另选"小猫"重新游戏（见图 1.34.1 和图 1.34.2）。

（二）创新玩法

可以在大圆圈内小圈周围画小花或放置盆花表示花园（见图 1.34.3）。也可以没有大圈，小猫跑到任何地方去捉蝴蝶。

二、现代教育意义

此游戏能锻炼幼儿在一定范围内四散追逐跑能力，提高动作的灵活性、协调性，培养身体灵敏性和反应能力。

图 1.34.2

图 1.34.3

三、落实《指南》情况

蝴蝶和小猫游戏适合中班幼儿。《指南》在健康领域要求幼儿"动作协调、灵敏"，游戏中幼儿听到"小猫醒了"的指令后要立即做出反应，对幼儿身体的协调性、灵敏性、反应能力都是很好的锻炼。"小猫"捉"蝴蝶"时，"蝴蝶"要四散跑开，以躲避"小猫"的追逐，契合了《指南》在健康领域 4~5 岁幼儿动作发展中"能与他人玩追逐、躲闪跑的游戏"的要求。

1.35 鸡毛飞镖

一、游戏玩法

（一）传统玩法

1. 材料准备：将鸡毛插在玉米瓤上做成的鸡毛飞镖若干（见图 1.35.1）。

2. 游戏过程：

（1）幼儿手拿鸡毛飞镖向身体的正前方用力抛出，看谁抛得远，飞镖转得好。

图 1.35.1

（2）幼儿手拿鸡毛飞镖向空中用力抛出，看谁抛得高，飞镖转得快。

（3）幼儿手持飞镖，然后两手用力搓鸡毛飞镖使其快速飞出，比一比谁的飞镖飞得远、飞得高、转得快。

（二）创新玩法

玉米瓤上插两根或者三根鸡毛并涂上漂亮的颜色（见图 1.35.2 和图 1 35.3）。

二、现代教育意义

此游戏锻炼了幼儿的投掷能力和平衡能力，提高了幼儿的身体灵敏性，激发了其参与体育活动的积极性。

图 1.35.2

图 1.35.3

三、落实《指南》情况

鸡毛飞镖游戏适合中班幼儿。《指南》在健康领域中要求幼儿"具有一定的力量和耐力""具有一定的平衡能力，动作协调、灵敏"，同时"激发幼儿参加体育活动的兴趣，养成锻炼的习惯"。鸡毛飞镖游戏中需要幼儿将飞镖用力抛出，充分锻炼了幼儿的臂力。用力抛出需要幼儿全身协调用力，提高了幼儿的力量和耐力，增强了平衡能力。同时，在创新玩法中，改变了鸡毛飞镖的式样，激发了幼儿游戏的兴趣，让幼儿更加喜欢玩游戏。

1.36　老鹰捉小鸡

一、游戏玩法

（一）传统玩法

两名幼儿分别扮演"老鹰"和"鸡妈妈"，其余幼儿扮作"小鸡"，依次拉着"鸡妈妈"的衣服排成一长排。游戏开始，"老鹰"向"小鸡"发起攻击，"鸡妈妈"展开双臂保护后面的"小鸡"，"小鸡"要紧紧拉着"鸡妈妈"或前面"小鸡"的衣服一起躲闪跑，尽量不要被"老鹰"捉住。被捉住的"小鸡"则被"老鹰""吃掉"，站到一边，不再参加游戏。捉住四只"小鸡"后表演节目，角色重新选择，重复游戏（见图 1.36.1）。

图 1.36.1

（二）创新玩法

通过猜拳或其他方式决定扮演"老鹰"的幼儿两名或多名，其余幼儿扮"小鸡"。游戏开始，"小鸡"在场地内跑，并做觅食动作，如感到有被抓的危险，可说"停"并停下不跑，则可免捉。"停"住的小鸡如还想跑动，则请另一只"小鸡"过来拍一下手，方可重新跑动。躲闪不及被"老鹰"捉住的"小鸡"，要和"老鹰"互换角色，游戏重新开始（见图 1.36.2）。

二、现代教育意义

通过玩老鹰捉小鸡的游戏，幼儿理解了老鹰吃小鸡这一生物链中的科学常识，享受到了游戏带来的乐趣，既锻炼

图 1.36.2

了躲闪跑的能力，培养了规则意识，又提高了反应的敏捷性，还感受到了在传统游戏中合作与竞争的乐趣，陶冶了性情，增强了自信。

三、落实《指南》情况

老鹰捉小鸡游戏适合小中大班幼儿。《指南》围绕幼儿的身体素质提出了"具有一定的平衡能力，动作协调、灵敏"的发展目标，在社会领域中建议"幼儿园应多为幼儿提供需要大家齐心协力才能完成的活动，让幼儿在具体活动中体会合作的重要性，学习公工合作"。游戏中一幼儿扮老鹰，其余幼儿站成一路纵队扮小鸡。为了不让"老鹰"捉到，"小鸡"需要随"母鸡"前后左右灵巧地躲闪，"小鸡"不仅要跟紧"母鸡"，同时要紧紧拉住前面的"小鸡"一起躲闪，这对孩子的灵活性、协调能力和合作能力都是一定的挑战和锻炼，同时孩子们还体验了合作游戏的快乐。

老鹰捉小鸡游戏是非常经典的传统游戏，小中大班幼儿都非常喜欢。在实际组织中，教师要关注小中大班幼儿的不同能力和需要，灵活指导。

1.37 猫 捉 老 鼠

一、游戏玩法

（一）传统玩法

1. 材料准备：老鼠、猫的卡片若干（见图 1.37.1）。

图 1.37.1

2. 游戏过程：幼儿手拉手围成圆圈搭成一个老鼠洞。选出扮猫的幼儿站在圈外，扮老鼠的幼儿站在圈内（猫和老鼠的数量可视幼儿总人数而定）。游戏开始，"老鼠"寻找机会在洞口钻出钻进，"猫"在洞边伺机捉"老鼠"，但不能钻进洞内。在规定时间内，如果"猫"把"老鼠"全部捉住，"猫"可以再玩一轮游戏，而被捉的"老鼠"要表演节目，之后改搭老鼠洞，选其他幼儿扮老鼠；如果"猫"没有捉住"老鼠"（或没有全部捉住老鼠），就改换为扮老鼠，从没有被捉住的"老鼠"中选出扮猫的幼儿，而被捉住的"老鼠"去搭老鼠洞，再请其他幼儿扮老鼠。游戏依次重复进行（见图 1.37.2 和图 1.37.3）。

图 1.37.2

图 1.37.3

（二）创新玩法

选几名幼儿扮猫，其余幼儿扮老鼠。游戏开始，"猫"在前面走，"老鼠"在后面跟，并一起说儿歌，说完最后一个字，"猫"回转身开始捉"老鼠"，"老鼠"可在规定范围内四散跑，被捉到的"老鼠"蹲下不动。进行第二轮游戏时，要改换角色（见图 1.37.4）。

图 1.37.4

二、现代教育意义

猫和老鼠都是幼儿熟悉的动物，因此，这个游戏深得幼儿喜欢，不仅有利于锻炼幼儿奔跑和躲闪的能力，提高幼儿动作的灵活性和协调性，而且有利于培养幼儿的规则意识，养成在活动中自觉遵守纪律的良好习惯。

三、落实《指南》情况

猫捉老鼠游戏适合中大班幼儿。《指南》在健康领域强调"发展幼儿动作的协调性和灵活性""幼儿分散跑时能躲避他人的碰撞，能与他人玩追逐、躲闪跑的游戏"；在社会领域中建议"帮助幼儿了解基本行为规则或其他游戏规则，体会规则的重要性，学习自觉遵守规则"。此游戏中，"猫"追"老鼠"，"老鼠"闪躲"猫"，锻炼了幼儿的奔跑能力、闪躲能力以及身体动作的协调性和灵活性。游戏的进行和创新都需要幼儿了解并认真遵守游戏规则，这有利于培养幼儿的规则意识和遵守规则的能力。

1.38　切　西　瓜

一、游戏玩法

（一）传统玩法

　　幼儿手拉手围成一个大圈，一名幼儿边念儿歌边做"切西瓜"的动作绕圈走，念到最后时，将身边两名幼儿拉着的手切开，然后站在切开的位置。被切开的两名幼儿则朝不同方向跑一圈，先到达原位者胜，做下一轮的"切瓜人"（见图 1.38.1）。

（二）创新玩法

　　选一名幼儿做吃瓜人，站在"西瓜"中间说："我把西瓜切好了，现在我要吃了它。"发出"阿呜"声音做吃瓜状，被吃的"西瓜"便要蹲一点。反复进行，直到所有幼儿都蹲下，吃瓜人边做扔的动作边说："西瓜吃完了，我把西瓜子儿扔了吧。"所有幼儿向吃瓜人扔的方向跑去（见图 1.38.2 和图 1.38.3）。

图 1.38.1　　　　　　　　图 1.38.2　　　　　　　　图 1.38.3

二、现代教育意义

　　此游戏采用幼儿熟悉的"吃西瓜"为游戏情景，培养了幼儿的身体控制能力、跑动能力，进一步提高了孩子们的游戏兴趣。

 儿歌

切，切，切西瓜，西瓜西瓜哪里来？
农民伯伯种出来。要把西瓜切开来！

三、落实《指南》情况

　　切西瓜游戏适合中大班幼儿。《指南》在健康领域中要求幼儿"动作协调、灵敏"，4～5 岁幼儿"能与他人玩追逐、躲闪跑的游戏"；还要求幼儿"具有一定的力量和耐力"。切西瓜游戏中，被切开的两名幼儿要朝相反方向快速奔跑一圈回到起跑点，两人相遇时要相互躲闪，锻炼了幼儿的躲闪跑能力。在创新玩法中，幼儿按吃瓜人的要求控制身体不断下蹲，最后按要求快速跑动，有利于锻炼幼儿动作的协调性、反应灵敏性和耐力。

1.39　舞　龙　灯

一、游戏玩法

（一）传统玩法

1. 材料准备：用大饮料瓶、镭射纸、卡纸、即时贴、塑料绳等材料制作的龙灯两个（见图 1.39.1 和图 1.39.2）。

2. 游戏过程：舞龙。由龙头带领，上下左右来回进行，可两龙追逐，也可两龙相斗（见图 1.39.3）。

（二）创新玩法

一名老师或幼儿手拿"龙珠"，玩双龙戏珠游戏（见图 1.39.4）。

图 1.39.1

图 1.39.2

图 1.39.3

二、现代教育意义

舞龙灯游戏不仅锻炼了幼儿奔跑和躲闪的能力，增强了幼儿的合作意识和社会性，而且有利于培养幼儿的规则意识，以及在活动中自觉遵守纪律的良好习惯。

图 1.39.4

三、落实《指南》情况

《指南》在社会领域中指出："幼儿的社会性主要是在日常生活和游戏中通过观察和模仿潜移默化地发展起来的，成人应注重自己言行的榜样作用。"幼儿阶段是儿童身体发育和机能发展极为迅速的时期，也是形成安全感和乐观态度的重要阶段。发育良好的身体、愉快的情绪、强健的体质、协调的动作、良好的生活习惯和基本生活能力是幼儿身心健康的重要标志。轻松快乐的舞龙灯游戏既能锻炼孩子的体能，又能让孩子们学会和同伴合作，对幼儿社会性发展有着积极的意义和作用。舞龙灯游戏还能让孩子动作更协调，情绪更乐观，更乐于和同伴合作，培养幼儿团结协作的能力。

1.40 丢 手 绢

一、游戏玩法

（一）传统玩法

1. 材料准备：小手绢四块。

2. 游戏过程：推选一名小朋友丢手绢，其他人围成圆圈蹲下。游戏开始，大家齐唱歌谣，丢手绢者沿圈外行走。歌谣唱完前，丢手绢者把手绢丢在××身后，××发现后拣起手绢起身追逐丢手绢者，丢手绢者应跑到××原位置蹲下，若被抓住，则表演节目。如果××未发现手绢，被丢手绢者将其抓住，××需表演节目并做下一轮丢手绢者，其位置则由原丢手绢者代替（见图1.40.1和图1.40.2）。

图 1.40.1

图 1.40.2

（二）创新玩法

两个小朋友拿不同颜色的手绢，一起丢手绢（见图 1.40.3）。

图 1.40.3

二、现代教育意义

此游戏能有效促进幼儿身体基本动作的发展，提高大肌肉的运动机能，锻炼幼儿身体的灵活性、应变能力及在公共场合的表现能力。

 儿歌

> 丢啊，丢啊，丢手绢，轻轻地放在小朋友的后边，大家不要告诉他。
>
> 快点快点抓住他，快点快点抓住他。

三、落实《指南》情况

《指南》中指出："幼儿阶段是儿童身体发育和机能发展极为迅速的时期，也是形成安全感和乐观态度的重要阶段。发育良好的身体、愉快的情绪、强健的体质、协调的动作、良好的生活习惯和基本生活能力是幼儿身心健康的重要标志，也是其他领域学习与发展的基础。"丢手绢游戏让孩子们在轻松的游戏中增强了遵守游戏规则的意识，锻炼了奔跑能力，协调了动作，愉悦了身心，是孩子们特别喜爱的游戏。游戏中孩子们体验了和老师、小朋友一起合作的快乐，培养了团结协作的意识。

1.41 捉 龙 尾

图 1.41.1

图 1.41.2

图 1.41.3

一、游戏玩法

（一）传统玩法

选一人做捉龙尾者，一人做龙头。其余人依次拉住前面幼儿的衣服做龙身，最后一人是龙尾。捉龙尾者与龙头一问一答，对话完成，开始捉龙尾，若龙尾被捉住要退出游戏，龙尾前面的幼儿成为新的龙尾（见图 1.41.1 和图 1.41.2）。

（二）创新玩法

龙头带领龙身和龙尾原地蹲下后，捉龙尾者则不能再捉（见图 1.41.3）。

二、现代教育意义

捉龙尾游戏既锻炼了幼儿追逐目标、集体协调躲闪的能力，提高了幼儿的反应能力，又培养了幼儿团结协作的精神。

三、落实《指南》情况

捉龙尾游戏适合中班幼儿。《指南》在健康领域中要求 4～5 岁幼儿 "能与他人玩追逐、躲闪跑的游戏"，在社会领域中建议 "幼儿园应多为幼儿提供需要大家齐心协力才能完成的活动，让幼儿在具体活动中体会合作的重要性"。捉龙尾游戏是一个集体游戏，龙头千方百计地阻挡捉龙尾者，龙身龙尾一串人很快地跟着龙头移动跑，以防被捉住。做龙身的幼儿不要脱节，否则龙尾容易被捉住，这就需要幼儿之间的密切配合，锻炼了幼儿的合作能力。所以，在本游戏中不仅达到《指南》的目标要求，还锻炼了幼儿的反应能力，培养了幼儿团结协作的精神。

  儿歌

龙头与捉龙尾者对话

捉者	龙头
我要吃龙头，	龙头有角。
我要吃龙身，	龙身有刺。
我要吃龙尾，	龙尾拖你下水。

1.42　小老鼠偷油吃

一、游戏玩法

（一）传统玩法

1. 材料准备：小椅子四把，小老鼠头饰若干，小猫头饰三个，呼啦圈一个。

2. 场地布置：直径为1米和5米的同心圆，小椅子分别放在大圆的周围（见图1.42.1）。

图 1.42.1

3. 游戏过程：请一名幼儿蹲在场地中央的呼啦圈里当老猫，其余幼儿分为四组当老鼠，分别蹲在小椅子后面（鼠洞）（见图1.42.2）。念完儿歌后，各组"老鼠"依次站到小椅子上再双脚轻轻跳下去"偷油"，待教师发出信号"猫醒了！"小猫站起四处追捉"老鼠"，"老鼠"要跑回自己的"鼠洞"蹲好为安全，被捉者跟小猫互换角色，游戏重新开始（见图1.42.3）。

图 1.42.2

图 1.42.3

（二）创新玩法

1. 被捉者与原"猫"一起做猫，可变成两只、三只猫共同游戏。

2. "老鼠"也可到别的"鼠洞"去偷油。

二、现代教育意义

此游戏中的"猫"和"老鼠"角色设置深受幼儿喜欢，提高了幼儿参与游戏的积极性，锻炼了幼儿从高处向下跳的能力，培养了幼儿的勇敢精神。

 儿歌

小老鼠，上灯台，偷油吃，跳下来。

三、落实《指南》情况

此游戏适合中班幼儿。小老鼠偷油吃游戏是我国经典的儿童游戏之一，此游戏契合《指南》社会领域中"利用民间游戏、传统节日等，适当向幼儿介绍我国主要民族和世界其他国家和民族的文化"的要求。《指南》语言领域中要求"提供童谣、故事和诗歌等不同体裁的儿童文学作品，让幼儿自主选择和阅读"。幼儿边游戏边说儿歌，朗朗上口的儿歌发展了幼儿的语言表达能力。《指南》在健康领域中要求幼儿"具有一定的平衡能力，动作协调、灵敏"。扮演"老鼠"的幼儿轮流站在小椅子上轻轻跳下来"偷油"，发展了身体的平衡能力和从高处往下跳的能力。在"猫醒了"信号发出后，"猫"捉"老鼠"，发展了幼儿分散跑和能与他人玩追逐、躲闪跑的能力，同时锻炼了幼儿的快速反应能力。

1.43 捉 小 马

一、游戏玩法

（一）传统玩法

老师当"老虎"，幼儿当"小马"站在圆圈里。"老虎"念完儿歌"小马小马快快跑，摸摸××就回槽"后，"小马"们跑去触摸指定物体，然后往回跑。当所有"小马"往回跑时，"老虎"开始追"小马"，跑回圆圈的"小马"不能再捉。若有"小马"被捉住，此轮游戏结束，由被捉住的"小马"当下一轮游戏的"老虎"；若"小马"们全部逃回圆圈，则由原来的人继续当"老虎"，游戏反复进行（见图 1.43.1）。

图 1.43.1

（二）创新玩法

1. 将游戏中的儿歌进一步创编，在儿歌中提醒小马要注意老虎，不要被老虎捉到。

2. 游戏最后，小马反过来追逐老虎，把老虎赶出他们的家。培养小马勇敢的优良品质，引导小马明白团结起来力量大的道理（见图 1.43.2）。

图 1.43.2

二、现代教育意义

此游戏锻炼了幼儿的反应能力和奔跑能力，提高了幼儿的语言表达能力和创造能力，培养了幼儿团结协作的团队意识。

 儿歌

> 小马小马快快跑，摸摸 ×× 跑回槽；小马小马要注意，别被老虎给捉到。
>
> 小马小马不要怕，团结起来力量大；快把老虎给打垮，快快乐乐是一家。

三、落实《指南》情况

捉小马游戏适合小中班幼儿。《指南》语言领域中要求"提供童谣、故事和诗歌等不同体裁的儿童文学作品，让幼儿自主选择和阅读"。幼儿边游戏边说儿歌，朗朗上口的儿歌发展了幼儿的语言表达能力。《指南》在健康领域中要求幼儿"具有一定的平衡能力，动作协调、灵敏"。"老虎"追逐"小马"的过程锻炼了幼儿分散跑的能力，能与他人玩追逐、躲闪跑的能力和反应能力。《指南》在社会领域中建议"主动亲近和关心幼儿，经常和他一起游戏或活动，让幼儿感受到与成人交往的快乐，建立亲密的亲子关系和师生关系"。老师扮演"老虎"追逐"小马"，让幼儿体验到和老师一起玩游戏的快乐，这一点更适合于小班幼儿。中班幼儿游戏可加大难度，"小马"反过来追逐"老虎"，把"老虎"赶出他们的家，培养了团队意识。

1.44　花样玩轮胎

一、游戏玩法

（一）传统玩法

1. 材料准备：轮胎、跳绳、沙包、彩圈、竹棍、海洋球（见图 1.44.1 和图 1.44.2）。

2. 传统过程：双手滚、单手滚和绕障碍滚。

（二）创新玩法

1. 运小球：在轮胎里面放上海洋球，单、双手滚轮胎（见图 1.44.3）。

2. 拉轮胎：两人合作，把跳绳穿在轮胎的中间，分别拉住绳的一端向前跑，不能用手扶轮胎，以最快一组为胜。

3. 运沙包：两人抬沙包在轮胎上走（见图 1.44.4）。

图 1.44.1

图 1.44.2

图 1.44.3

图 1.44.4

二、现代教育意义

此游戏锻炼了幼儿的身体协调能力，在探索创新的过程中，发展了幼儿的想象力、创新能力和合作能力，让幼儿在快乐的游戏中得到了发展。

三、落实《指南》情况

花样玩轮胎游戏适合中大班幼儿。《指南》在健康领域中要求幼儿"具有一定的平衡能力，动作协调、灵敏，具有一定的力量和耐力"。在社会领域中建议"幼儿园应多为幼儿提供需要大家齐心协力才能完成的活动，让幼儿在具体活动中体会合作的重要性，学习分工合作"。单双手滚轮胎、竹棍滚轮胎能锻炼幼儿的臂力、身体的协调性和灵敏性。绕障碍滚轮胎对幼儿的身体协调性及动作的灵敏性是极大的挑战。在探索创新的过程中，新玩法发展了幼儿的想象力和创新能力，培养了幼儿的合作能力。尤其是拉轮胎和运沙包游戏，幼儿只有团结协作、齐心协力，才能拉动轮胎、顺利运沙包，幼儿在参与的过程中，体验到了集体游戏的快乐和成功感。创新玩法契合《指南》健康领域的要求"能在斜坡、荡桥和有一定间隔的物体上较平稳地行走"，通过老师的引导和幼儿的努力，达成了《指南》的目标要求。

1.45　做　皮　球

一、游戏玩法

幼儿手拉手站成大圆，按逆时针方向边走边念儿歌，念完后停下说："一——二——三！"说完立即把手松开，老师说："×人（人数）做一个大皮球。"幼儿迅速按指定的人数拉成一个圆圈成"皮球"。没有按规定人数拉手或剩下的幼儿为失败。老师说："站圆圈！"大家又站成一个大圆，游戏重新开始（见图 1.45.1～图 1.45.3）。

二、现代教育意义

此游戏在幼儿走圆圈做皮球的基础上，教师根据幼儿的"最近发展区"不断变换

图 1.45.1

图 1.45.2

图 1.45.3

做皮球的人数，每次的人数变换对幼儿来说都是一次新的挑战，需要全神贯注听口令，有助于提高幼儿的注意力，使幼儿对游戏始终保持浓厚的兴趣。同时，培养了幼儿的计数能力和思维的快速反应能力。

 儿歌

大皮球，小皮球，圆圆的皮球哪里来？
工人叔叔做出来。我们也来做皮球！

三、落实《指南》情况

做皮球游戏适合小中大班幼儿。《指南》在科学领域的数学认知目标中建议"利用生活和游戏中的实际情境，引导幼儿理解数概念"。有趣的游戏提高了幼儿探究的兴趣，幼儿的科学学习不能以牺牲兴趣为代价来求取能力的发展和知识的掌握。做皮球游戏中，幼儿全神贯注地听教师的口令，还要针对口令进行快速的思维，始终保持浓厚的学习兴趣。在游戏中发展了幼儿的计数能力和思维的快速反应能力。同时，此游戏童趣盎然，幼儿在与老师和同伴一起游戏的过程中，体验到了集体游戏的快乐，契合《指南》在健康领域动作发展中的教育建议"开展丰富多样，适合幼儿年龄特点的各种身体活动"。

1.46　蹬脚比赛

一、游戏玩法

（一）传统玩法

两人一组，面对面坐好，伸出双腿，脚底对脚底，边说儿歌边用力蹬对方，蹬倒对方者获胜。蹬腿时，双手不能撑地，也不能按在腿上，双方脚底不能蹬对方其他部位，否则算输。游戏可反复进行（见图1.46.1）。

图 1.46.1

（二）创新玩法

1. 儿歌前两句，双腿蹚起，转动双脚。第三句同传统玩法（见图1.46.2）。

2. 两人双手后撑于地上，双脚抬离地面，用力蹬对方，直到手脚都坚持不住倒地算输（见图1.46.3）。

图 1.46.2

图 1.46.3

二、现代教育意义

此游戏可锻炼幼儿大腿的力量，促进大腿肌肉的发育。还可增强幼儿关注他人的意识，培养交往能力。创新玩法增加了双脚和手臂的动作，促进了手臂肌肉的发展和踝部灵活性、柔韧性的发展。

> 小脚小脚捻捻，一脚蹬到南山，南山上面有牛，
>
> 一脚蹬到牛头，牛头牛头歪歪，看谁先被摔摔。

三、落实《指南》情况

蹬脚游戏适合小班幼儿。《指南》在健康领域的动作发展中要求幼儿"具有一定的平衡能力，动作协调、灵敏；具有一定的力量和耐力"。在社会领域中建议"幼儿园应为幼儿提供需要大家齐心协力才能完成的活动，让幼儿在具体活动中体会合作的重要性"。在语言领域中要求3~4岁幼儿"喜欢跟读韵律感强的儿歌、童谣"。在蹬脚游戏中，幼儿双手不能撑地，也不能按在腿上，必须腿、脚部用力蹬对方的脚，才能获胜，这对幼儿的力量和耐力提出了一定的要求。同时，幼儿在蹬的过程中，需要动作协调、灵敏。蹬脚游戏是两人合作才能完成的游戏，在游戏的过程中，发展了幼儿的合作能力和交往能力。此外，幼儿边念儿歌边做动作，有利于培养幼儿对儿歌、童谣的兴趣，发展幼儿的语言表达能力。

1.47　好玩的毽子

一、游戏玩法

（一）传统玩法

1. 材料准备：毽子若干（见图 1.47.1）。

2. 游戏过程：抛接毽：边说儿歌边向上抛毽子，眼睛追随着毽子，脚步也要跟上，让毽子再落到自己的手中。小鸡过河：毽子放在脚上用力向前踢过"小河"（见图 1.47.2）。

图 1.47.1

图 1.47.2

（二）创新玩法

营救小公鸡：幼儿排成两路纵队站在起点线后。游戏开始，全体幼儿念儿歌："小朋友把队排，走小路时不摇摆，小公鸡别着急，我们把你来救起。"念完儿歌，每队第一名幼儿跑过小河，返回时把小鸡顶在头顶过河，把小鸡放进鸡窝后排到队尾。第二名幼儿重复第一位幼儿的路线和动作。游戏重复进行。合作玩：一个小朋友抛毽，站在对面的小朋友接（见图 1.47.3 和图 1.47.4）。

图 1.47.3

图 1.47.4

二、现代教育意义

我们利用毽子设计的抛接毽、拖小鸡、小鸡过河、营救小公鸡等一系列游戏，不仅提高了幼儿眼、脑、手、脚的协调与灵活性，提高了幼儿身体素质和快速反应能力，还培养了幼儿活泼可爱的性格，对幼儿良好品质和学习习惯的养成有较大的促进作用。

  儿歌

小毽子，鸡毛做；红毛毛，绿毛毛；飞起好像小小鸟；

我来抛，你来接；锻炼身体真快乐。

一个毽儿，踢两半儿，打花鼓，绕花线儿，

里踢外拐，八仙过海，九十九，一百。

三、落实《指南》情况

好玩的毽子游戏适合小中班幼儿。《指南》在健康领域中要求3～4岁幼儿"能沿地面直线走上一段距离，能双手向上抛球"；4～5岁幼儿"能连续自抛自接球"。此游戏中，幼儿边说儿歌边抛接毽子，锻炼了幼儿的手眼协调能力和快速反应能力，拖小鸡、小鸡过河、营救小公鸡等一系列游戏，提高了幼儿眼、脑、手、脚的协调与灵活性，达到《指南》的目标要求，并高于《指南》中应达到的目标要求，有一定的挑战性。

1.48　老狼老狼，几点了

一、游戏玩法

（一）传统玩法

1. 材料准备：老狼头饰、小兔子头饰若干、数字卡片若干（见图 1.48.1）。

图 1.48.1

2. 场地布置：塑胶地垫活动场地，布置好轮胎、大树和栅栏，模拟小兔子的家（见图 1.48.2）。

3. 游戏过程：

教师扮演老狼在前面走，幼儿扮演小兔子跟在后面走，游戏开始。小兔子们一起问："老狼老狼几点了？"老狼转身，同时举起手指示意时间"1点了！"小兔子立即停下保持不动。

图 1.48.2

小兔子继续问："老狼老狼几点了？"老狼按数字顺序依次回答"2点了！""3点了！"……直到老狼回答："6点啦！天黑了！"老狼转身追逐，小兔子们赶快往家跑，注意灵活躲避。跑回"家里"者为胜，被老狼捉住的小兔子被淘汰（站进划定圈内），游戏继续进行（见图 1.48.3～图 1.48.5）。

（二）创新玩法

大灰狼手持数字卡片，让幼儿辨认几点，此方式趣味性强，激发了幼儿对游戏的兴趣。

图 1.48.3

图 1.48.4

图 1.48.5

二、现代教育意义

　　此游戏以问答式进行，让幼儿用手指或数字卡把时间表达出来，这样既能锻炼幼儿手部肌肉的灵活性，引导幼儿初步理解数的概念，增强游戏的趣味性，又培养了幼儿灵活的反应能力、应变能力和语言表达能力。

三、落实《指南》情况

　　老狼老狼几点了游戏适合小中班幼儿。《指南》在健康领域的动作发展目标中要求"幼儿具有一定的平衡能力，动作协调、灵敏"。要求3～4岁幼儿"分散跑时能躲避他人的碰撞"，4～5岁幼儿"能与他人玩追逐、躲闪跑的游戏"。在科学领域的科学认知目标中要求"幼儿感知和理解数、量及数量关系"。要求3～4岁幼儿"能手口一致地点数5个以内的物体，并能说出总数"。4～5岁幼儿"能通过实际操作理解数与数之间的关系"。在老狼老狼几点了游戏中，既通过趣味盎然的游戏情境，激发了幼儿参与游戏的浓厚兴趣，让幼儿体验到了游戏的无穷快乐，又培养了幼儿灵活的反应能力、应变能力以及躲闪能力。在创新玩法中，利用数字卡片让幼儿辨认几点的方式，激发了幼儿对数字的认知兴趣，达成了《指南》的目标要求。

1.49　老　鼠　笼

一、游戏玩法

（一）传统玩法

　　幼儿用手拉成一个大圆圈做老鼠笼，其余幼儿站在大圆圈里做老鼠。做老鼠笼的幼儿手拉手举起并念儿歌，扮老鼠的幼儿则在老鼠笼四周钻进钻出。当念到"咔嚓一声"时，扮演老鼠笼的幼儿立即放下手，同时蹲下。在大圆圈内的老鼠未被捉住，被捉住幼儿表演节目，然后站在大圆圈上做老鼠笼。游戏继续进行，直到老鼠全部被捉住再调换游戏角色，游戏重新开始（见图 1.49.1～图 1.49.3）。

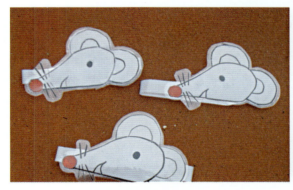

图 1.49.1

图 1.49.2

图 1.49.3

（二）创新玩法

1. 为了增加游戏的趣味性，扮演老鼠的幼儿戴上头饰。

2. 扮鼠笼的幼儿按顺时针边念儿歌边在圆圈上走动，增加老鼠钻出的难度（见图1.49.4）。

图 1.49.4

3. 放置沙包当粮食，老鼠一次只能拿一个沙包当粮食，取出后放在旁边的粮食篮里。

二、现代教育意义

此游戏在轻松愉悦的气氛中进行，既能提高幼儿钻、跑及躲闪的技能，发展幼儿的大肌肉群，又能锻炼幼儿身体的灵活性、敏捷性和快速反应能力，培养了幼儿的合作意识。

 儿歌

老鼠老鼠坏东西，偷吃粮食偷吃米。我们搭个老鼠笼，咔嚓一声捉住你。

三、落实《指南》情况

老鼠笼游戏适合小中班幼儿。《指南》在健康领域的动作发展目标中要求幼儿"具有一定的平衡能力，动作协调、灵敏"，其中，要求"4～5岁幼儿能以匍匐、膝盖悬空等多种方式钻爬""鼓励幼儿进行跑跳、钻爬等活动"。游戏中扮老鼠的幼儿在老鼠笼的空隙中钻来钻去，很好地锻炼了幼儿的钻、跑动作。在老鼠笼放下时，扮老鼠的幼儿要尽快钻出笼子，这对幼儿的反应能力、动作的灵活和协调又是很大的考验。

老鼠笼游戏中的儿歌韵律感强，读起来朗朗上口，幼儿边读儿歌边做游戏，激发了幼儿参与游戏的兴趣，契合了《指南》在语言领域目标中"3～4岁幼儿喜欢跟读韵律感强的儿歌、童谣"的要求。

1.50　捉　尾　巴

一、游戏玩法

（一）传统玩法

1. 材料准备：布老鼠每人一个，小花猫头饰3～4个（见图1.50.1）。

图1.50.1

2. 游戏过程：教师戴头饰扮小花猫，幼儿拖一只布老鼠扮小老鼠。游戏开始，教师和幼儿一起说儿歌："小花猫，本领大，小老鼠，最怕它，喵喵喵，喵喵喵，今天要把老鼠抓。"然后，幼儿手拖着老鼠四散跑开，教师追逐幼儿，踩老鼠的尾巴。被踩住老鼠尾巴的幼儿停止游戏。教师轮流邀请2～3名幼儿一起扮演小花猫做游戏（见图1.50.2）。

（二）创新玩法

幼儿将布老鼠背在背上扮小老鼠，扮演小花猫的幼儿追逐，用手抓"老鼠"的尾巴，比比谁抓的尾巴多（见图1.50.3）。

二、现代教育意义

此游戏可以满足幼儿好动的需要，提高幼儿追逐跑及躲闪的技能，锻炼幼儿腿部肌肉和反应能力，增强动作的敏捷性，提高幼儿的成功感。

图1.50.2

三、落实《指南》情况

捉尾巴游戏适合小班幼儿。《指南》在语言领域中建议"有意识地引导幼儿欣赏或模仿文学作品的语言节奏和韵律"，在健康领域中要求幼儿"动作协调、灵敏，具

图1.50.3

有一定的力量和耐力，3～4岁幼儿能快跑15米左右"。捉尾巴游戏中穿插了节奏感、韵律感较强的儿歌，能培养幼儿对儿歌的兴趣，发展了幼儿的语言表达能力。"小老鼠"要迅速奔跑、闪躲才能躲避"小花猫"的追逐，锻炼了幼儿的身体协调性和动作的灵敏性。同样，"小花猫"要积极、努力地追逐才能抓住"小老鼠"，锻炼了幼儿腿部肌肉的力量和反应能力，达成了《指南》的目标要求。

1.51　降落伞

一、游戏玩法

1. 材料准备：自制的降落伞人手一个（见图 1.51.1）。
2. 游戏过程：攥住手绢向上抛出，降落伞便在空中打开，然后，飘飘荡荡，缓缓落地（见图 1.51.2）。

图 1.51.1

图 1.51.2

二、现代教育意义

此游戏中，幼儿的上肢力量得到了发展，体能得到了锻炼，同时也促进了幼儿创造力的发展。

三、落实《指南》情况

降落伞游戏适合小班幼儿。《指南》在健康领域的动作发展目标中要求幼儿"动作协调、灵敏"，3～4 岁幼儿"能双手向上抛球，具有一定的力量和耐力"。《指南》在艺术领域中建议"和幼儿一起发现美的事物的特征，感受和欣赏美"。降落伞游戏中，幼儿需要用力向上抛，才能打开降落伞，这个过程需要幼儿的臂力达到一定程度，锻炼了幼儿上肢的灵活性和协调性。此外，设计精美的降落伞，自上而下飘落的时候，会呈现美妙的艺术效果，幼儿在欣赏美、感受美的同时，也体验到了成功的喜悦和幸福感，增强了幼儿的自信心。

1.52 扔 沙 包

一、游戏玩法

（一）传统玩法

1. 材料准备：沙包人手一个（见图 1.52.1），桶两个。

2. 游戏过程：幼儿站在同一起点线后，听老师口令，一起把沙包向前方扔出，看谁扔得远或看谁能扔到老师准备的桶里（见图 1.52.2）。

图 1.52.1

图 1.52.2

（二）创新玩法

把沙包放在脚背上，站在同一起点线后，听老师口令，用脚把沙包向前奋力甩出，看谁的沙包甩得远，或自由扔、抛接等（见图 1.52.3）。

图 1.52.3

二、现代教育意义

扔沙包游戏可以锻炼幼儿的手臂灵活性及手眼协调能力，培养幼儿反应能力，还能使幼儿从中体验到民间游戏的快乐。

三、落实《指南》情况

扔沙包游戏适合小班幼儿。《指南》中健康领域建议"发展幼儿动作的协调忙和灵活性"。幼儿要把沙包扔到滚桶里面，首先要目测自己与滚桶的距离，并经过多次尝试，才能找到需要使用多大的力量才能成功。此项游戏既锻炼了幼儿的手眼协调能力，发展了动作的协调性和灵活性，又锻炼了幼儿的快速反应能力，还能使幼儿从中体验到民间游戏的快乐。这符合《指南》中社会领域中要求幼儿"愿意和小朋友一起游戏"的目标，让幼儿体验到了与同伴协作游戏的乐趣。

第二篇

智 力 类

2.1　蒙眼追捉

图 2.1.1

一、游戏玩法

（一）传统玩法

1. 材料准备：手绢一条、哨子一个。

2. 游戏过程：若干幼儿手拉手围成一个圆圈，选一人用手帕蒙住双眼，另选一人用一只手扳住一条腿站在圈内。游戏开始，圈内的幼儿边吹口哨边跳动，蒙眼幼儿顺着哨声扑捉，或念儿歌"×××，我在这儿，快快来捉我"。蒙眼幼儿也可顺着儿歌的声音去捕捉。直至捉住圈内幼儿为止。换另两人再进行游戏（见图 2.1.1）。

（二）创新玩法

本着让每个幼儿都有机会尝试的原则，一名幼儿蒙住眼，多名幼儿做被追捉者，分组轮流进行游戏（见图 2.1.2）。

二、现代教育意义

此游戏不仅能训练幼儿动作的灵活性、敏捷性，还有助于培养幼儿集中注意力、听声辨位的能力。

图 2.1.2

三、落实《指南》情况

蒙眼追捉游戏适合中大班幼儿。《指南》语言领域的目标要求幼儿"在集体中能注意听老师或其他人讲话"。在此游戏中，圈内幼儿念儿歌，蒙眼幼儿注意听声音辨方向去捉拿圈内幼儿，正是符合了以上目标。圈内幼儿边吹口哨或念儿歌，引导蒙眼幼儿去捉自己的同时还要灵活躲闪，蒙眼幼儿在蒙着眼的情况下也需要寻声去捉拿圈内幼儿，这两种角色都符合《指南》在健康领域中要求"发展幼儿动作的协调性和灵活性"的目标。

此游戏童趣盎然，并有一定的挑战性。小班的幼儿侧重激发其游戏兴趣，锻炼其胆量，切身体验游戏的乐趣；中班的幼儿主要是训练动作的灵活性、协调性，还有助于锻炼幼儿听声辨位的能力；大班的孩子则主要训练快速反应的能力，体验活动带来的成功感和快乐感，增强自信心，锻炼胆大、心细、勇敢的精神品质。

2.2 蹦 步

一、游戏玩法

（一）传统玩法

1. 材料准备：粉笔、小石头等。

2. 场地布置：在平坦的空地用粉笔划起始线、终止线。

3. 游戏过程：幼儿两两自由组合成一组进行游戏，通过"剪子、包袱、锤"决定谁先玩（见图2.2.1）。

玩法一：从起始线开始，双方同时向前蹦步，先蹦的一方比后蹦的一方多蹦一步。停止以后，要双脚站立，而且不能移动。后蹦的一方蹦完后用手去抓先蹦的一方，抓到可多蹦一步，抓不到则对方蹦一步（见图2.2.2）。

玩法二：四人两两自由组合为两组，每组各出一人负责猜拳，另外两人负责蹦步，若拳砸剪刀，则蹦10步；若布包拳，则蹦5步；若剪刀剪布，则蹦2步。获胜组的幼儿从起始线开始向前跨相应的步数。继续猜拳，赢的一组幼儿依据猜拳确定蹦步步数，谁先蹦到终点为胜（见图2.2.3）。

图2.2.1

图2.2.2

图2.2.3

（二）创新玩法

为了增加游戏的趣味性，激发幼儿游戏兴趣，我们在终点放上幼儿喜爱的小动物玩偶，以此来激发幼儿游戏的主动性，获胜的一组幼儿可以玩小玩偶。

二、现代教育意义

游戏过程中，可以通过跳跃锻炼幼儿身体的协调性以及灵活性，同时，游戏的规则性较强，对增强幼儿的规则意识有很好的促进作用。

三、落实《指南》情况

蹦步游戏适合大班幼儿。蹦步的玩法一，幼儿在游戏开始需两两自由组合，符合《指南》中社会领域的要求"有自己的好朋友，也喜欢结交新朋友"。游戏过程中，幼儿需尽可能地向前跳跃，体现了《指南》中健康领域的教育建议"鼓励幼儿进行跑跳、钻爬、攀登、投掷、排球等活动"。通过跳跃的动作，锻炼了幼儿身体的协调性和灵活性。游戏玩法二，需要两名幼儿相互配合，培养了幼儿的合作能力，同时让幼儿体验了游戏的乐趣和成功感。玩法二中需要四名幼儿都主动遵守规则，能够增强幼儿的规则意识。创新玩法环节，契合了《指南》健康领域的教育建议"开展丰富多样、适合幼儿年龄特点的各种身体活动，如走、跑、跳、攀、爬等，鼓励幼儿坚持下来，不怕累"。

2.3　打　个　子

一、游戏玩法

（一）传统玩法

1. 材料准备：光滑的小石子、鹅卵石、杏核、核桃等若干种，每套材料各5个。

2. 游戏过程：两名或两名以上幼儿通过"剪子、包袱、锤"决定谁先玩，玩法如下：

图 2.3.1

（1）打鸟：右手拿5粒石子，同时撒到地上，然后捡起其中的任何一粒石子当手枪，其余四粒当小鸟，用手枪去打小鸟（见图2.3.1）。

（2）碰一碰：同样方法撒石子后，在就近的两个石子之间划上一道线，然后用拇指和食指弹，石子碰在一起多的就为胜者（见图2.3.2）。

（二）创新玩法

珠子过笼：撒石子后，左手拇指和食指做笼子状，紧贴地面，右手将地上的石子一个个扫过笼子（见图2.3.3）。

图 2.3.2

二、现代教育意义

打个子游戏训练了幼儿手部小肌肉的灵活性、手眼一致的协调性，培养了幼儿遇到问题不退缩、坚持不懈的良好品质。

图 2.3.3

三、落实《指南》情况

打个子游戏适合大班幼儿。游戏要求孩子手部灵活，反应迅速，符合《指南》中健康领域教育建议"创造条件和机会，促进幼儿手的动作灵活协调"。游戏训练了幼儿手部小肌肉的灵活性和手眼一致的协调能力，在材料选择上，须选用一些光滑、不磨手的材料，符合《指南》健康领域的教育建议"为幼儿提供的塑料粒、珠子等活动材料要足够大，材质要安全"。游戏的成功率不是很高，需要幼儿一次又一次地去尝试和探究，既锻炼了幼儿的动手动脑能力，又锻炼了幼儿的恒心和毅力，培养了幼儿遇到困难不退缩、坚持不懈的良好品质。最终取得成功时，幼儿会收获满满的成功感和游戏快乐。

2.4 打纸板儿

图 2.4.1

一、游戏玩法

（一）传统玩法

1. 材料准备：硬纸叠的纸板若干（见图 2.4.1）。

2. 游戏玩法：两名幼儿各准备若干纸板，每人拿一个纸板放到地面上，然后以"剪子、包袱、锤"决胜负，胜者拿起自己的纸板向下打对方的纸板，若纸板没有翻则换对方击打，若纸板翻转过来归胜者。对方重新拿一纸板进行下一轮游戏（见图 2.4.2）。

（二）创新玩法

图 2.4.2

多个幼儿同时进行，每个幼儿出一个纸板放在地面上，"剪子、包袱、锤"决胜负后，胜者拿自己的纸板分别击打地面上其余纸板，翻转过来的纸板归胜者。纸板没翻转过来重新"剪子、包袱、锤"决胜负，胜者继续击打（见图 2.4.3）。

二、现代教育意义

打纸板儿游戏中的甩打动作练习，提高了幼儿的观察力和击打的准确性，增强了臂力，提高了幼儿的竞争意识，发展了幼儿的交往能力。

图 2.4.3

三、落实《指南》情况

打纸板儿游戏适合大班幼儿。《指南》在健康领域动作发展中建议"利用多种活动发展身体平衡和协调能力""发展幼儿动作的协调性和灵活性""具有一定的力量和耐力"。打纸板儿游戏中幼儿要拿起自己的纸板去击打或甩打别人的纸板儿，轻轻地击打纸板，别人的纸板翻不过来就赢不了，所以胳膊和手腕都要用力，对幼儿的大肌肉动作和力量有很大的锻炼。《指南》在社会领域中建议"幼儿园应多为幼儿提供需要大家齐心协力才能完成的活动，让幼儿在具体活动中体会合作的重要性"，打纸板儿游戏需要多名幼儿（至少两人）一起玩，通过"剪子、包袱、锤"的方式决定谁先击打纸板，有些孩子很要强，多次落后于别人心里就着急、不好受，甚至耍赖。在这样的游戏情境中，幼儿能够学习交往的基本规则和技能，慢慢改变自己的不良表现和习惯，体会与小朋友一起游戏的快乐。

2.5 弹 球

一、游戏玩法

（一）传统玩法

1. 材料准备：乒乓球或塑料球若干（见图2.5.1）。

2. 场地布置：在地上挖一个洞，在离洞大约30厘米的地方画一直线。

3. 游戏玩法：将球放在画好的直线上，用拇指和食指合力弹，将球弹入洞中则继续弹，否则，换下一

图2.5.1

人，最后谁弹入洞中的次数多为胜（见图2.5.2）。

（二）创新玩法

将许多球放入直径为50厘米的圆圈中，在圈外用一个球去弹圈内的球，弹中归自己，最后比较谁的球多则胜（见图2.5.3）。

图2.5.2

二、现代教育意义

此游戏能够很好地锻炼幼儿的手指灵活性，培养幼儿的目测准确性和空间判断力。

三、落实《指南》情况

弹球游戏适合大班幼儿。《指南》健康领域教育建议中指出："创造条件和机会，促进幼儿手的动作灵活协调"。在弹球游戏中，幼儿将大拇指和食指蜷曲，用力弹出，这个动作可以锻炼幼儿手部的小肌肉群，另外弹球入洞的时候，要求幼儿注意力高度集中。在创新活动中，从一个洞口、一个目标发展到多个目标，增加了难度，契合了《指

图2.5.3

南》社会领域中的精神："鼓励幼儿尝试有一定难度的任务，并注意调整难度，让他感受经过努力获得的成就感。"

2.6　花 样 弹 球

图 2.6.1

一、游戏玩法

（一）传统玩法

1. 材料准备：乒乓球 5 个。

2. 场地布置：画一个直径为 20 厘米左右的圆圈，在离圆圈 1 米处画一条直线。

3. 游戏过程：将 5 只乒乓球依次摆放在横线上，两名幼儿轮流用食指或拇指合力弹五次球，边弹边念儿歌"头一弹，二保安，三连环，四过关，看谁五次弹进圈"。将球弹进圈数量多者为胜（见图 2.6.1）。

（二）创新玩法

1. 用纸球、布球、海洋球、石子、杏核等代替乒乓球。

2. 在圆圈四方 1 米处各画一条直线，四名幼儿同时弹球，看谁弹进圈内的球最多（见图 2.6.2）。

二、现代教育意义

此游戏不仅发展了幼儿的手部精细动作，而且游戏富有竞赛性，能培养幼儿的竞争意识。

三、落实《指南》情况

花样弹球游戏适合大班幼儿。《指南》在健康领域中建议"幼儿园要创造条件和机会，

图 2.6.2

促进幼儿手的动作灵活协调"，在社会领域中要求幼儿"遵守基本的行为规范，理解规则的意义，能与同伴协商制定游戏和活动规则"，花样弹球游戏中两名幼儿轮流弹球，对于幼儿手部小肌肉群的力量锻炼，以及在对方弹球时要按照规则进行等待的耐心、耐力都是极大的考验。同时，在科学领域"感知和理解数、量及数量关系"目标中建议"利用生活和游戏中的实际情境，引导幼儿理解数概念"。幼儿在玩花样弹球游戏时，不仅要记住自己弹进圈几次，还要和同伴比较谁弹进的多，在这个过程中理解了数的概念。

2.7 顶 锅 盖

一、游戏玩法

（一）传统玩法

1. 材料准备：红绸一块。

2. 游戏过程：一名幼儿用红绸蒙住双眼，一手掌张开，手心向下，其余幼儿（5～6 名）将手指抵在蒙眼人手掌中。游戏开始，大家一起说儿歌，说到最后一个字时，蒙眼人立即变掌为抓，其余幼儿则快速抽出手指，若被抓住则与蒙眼幼儿互换，游戏继续进行（见图 2.7.1）。

（二）创新玩法

1. 在传统游戏基础上变为两手张开进行游戏（见图 2.7.2）。

图 2.7.2

图 2.7.1

2. 游戏最后环节，由蒙眼人猜出被抓幼儿的名字，如猜不出，则要表演节目。

3. 游戏最后环节，被抓住的幼儿应说出一道菜名，如糖醋里脊、虾米油菜等。若说不出，则交换角色，游戏继续进行。

二、现代教育意义

此游戏既培养了幼儿反应的敏捷性，又发展了幼儿的观察力、记忆力、口语表达等能力。

 儿歌

顶锅盖

顶锅盖，油炒菜，辣椒辣了不要怪。

呼（做吹气状），一口气，

呼（做吹气状），二口气，

一，二，三。

三、落实《指南》情况

顶锅盖游戏适合中大班幼儿。《指南》在语言领域提出"鼓励和支持幼儿与同伴一起玩耍、交谈"的建议，在社会领域中建议"提供具有重复性旋律和词语的音乐、儿歌和故事，或利用环境中有序排列的图案，鼓励幼儿发现和感受其中的规律"。顶锅盖游戏必须两人或多人进行游戏，游戏中幼儿需要熟练掌握儿歌的规律，并根据规律做动作，这对增强幼儿与同伴间的情感和学习、掌握儿歌规律大有裨益。《指南》在健康领域"手的动作灵活协调"目标中建议"创造条件和机会，促进幼儿手的动作灵活协调"，顶锅盖游戏中在儿歌说到最后时，幼儿要迅速做出抓握或抽手的动作，才能取得胜利，这对幼儿的现场反应能力、手部动作的灵活协调都是很大的挑战和锻炼。

2.8 翻 绳

一、游戏玩法

（一）传统玩法

1. 材料准备：线绳一根。

2. 游戏过程：翻绳分单人和双人两种。单人是用自己的双手，十指或缠或绕，或穿或挑，最后经过一次关键性的翻转，把缠绕于双手的线绳在手指间翻出花样来。

双人挑则需要双方紧密配合，先由一人用双手撑开构成一种几何图形，然后由另一人双手用挑、穿、勾等方法改变原来的图形，轮流翻解，巧妙翻出各种图形（见图 2.8.1）。

图 2.8.1

（二）创新玩法

为使幼儿更加感兴趣，我们鼓励幼儿按自己的意愿翻，以翻出和以前不一样的图形，但不能将线绳弄乱（见图 2.8.2）。

二、现代教育意义

翻绳游戏不仅能锻炼手指的灵活性，培养耐心、细心及手指间的配合能力，还能丰富幼儿的想象力、模仿

图 2.8.2

力、造型能力和动手能力，进行感知机能训练。一根不起眼的小绳，由于手指翻动的方法不同，能呈现出千姿百态、形象各异的形状来，可谓妙趣横生，其乐无穷。这正是翻绳游戏的智慧和魅力所在。

我们的目的正是让孩子通过舞动自己的指尖，增强手指的灵活性，丰富和扩大空间想象力，促进大脑的发育，让孩子在多彩的世界里健康成长。

翻绳童谣

翻，翻，翻，翻绳儿，

翻的花样真逗人儿。

你翻一个大鸡爪，

我翻面条一根根儿。

你翻一张小鱼网，

我翻一个洗澡盆儿。

翻呀翻，翻翻绳儿，

赛赛宝宝的巧手手。

翻呀翻，翻翻绳儿，

乐呀乐得笑出声儿。

三、落实《指南》情况

翻绳游戏适合大班幼儿。《指南》在健康领域中建议"创造条件和机会，促进幼儿手的动作灵活协调"，翻绳游戏中幼儿通过线绳在手指间或翻或绕或挑，这些看似简单的动作，却需要幼儿小心翼翼地完成，一不小心线绳就弄乱了或者从手指上掉下来，在游戏中幼儿的手指关节灵活性得到了锻炼，发展了幼儿的动手能力。《指南》在社会领域中建议"幼儿园应多为幼儿提供需要大家齐心协力才能完成的活动，让幼儿在具体活动中体会合作的重要性"。两个人玩翻绳游戏时，一名幼儿双手撑着线绳，另一名幼儿对线绳进行翻、绕、挑、穿，两人轮流对线绳进行翻解，需要两名幼儿之间的配合，配合不好线绳就容易在手上脱落，这对孩子们的合作和动手能力、细心和耐心是很大的挑战和锻炼。创新的翻绳游戏，可以激发幼儿的想象力和创造力，让线绳在手指间不断变化出新花样，幼儿从中也会产生成就感和满足感，从而不断动脑和动手进行游戏的创新，契合了《指南》艺术领域中"创造机会和条件，支持幼儿自发的艺术表现和创造"的建议。

2.9 划 蚕 豆

一、游戏玩法

（一）传统玩法

1. 材料准备：蚕豆若干（见图2.9.1）。

2. 游戏过程：参与游戏的幼儿一手拿蚕豆放背后，念儿歌"咕噜咕噜锅，看看谁的多"。大家同时亮出蚕豆，谁手中蚕豆数量最多就由谁先玩。若数量相同，则猜拳决出先后顺序。先玩的幼儿把大家出的蚕豆合在一起撒在地下，然后在任意的两粒蚕豆间用小指画一条直线，画时不能碰到蚕豆，否则要

图2.9.1

让给下一个人玩，接着用大拇指和食指合力弹其中一粒蚕豆，若两粒蚕豆相碰，则归弹者。若弹不中，则换下一人玩。依此类推，直至撒出的蚕豆全部取完。谁赢的蚕豆最多谁就是胜利者（见图2.9.2）。

（二）创新玩法

用桃核、杏核、小石子、缝制的小沙包等材料代替蚕豆玩游戏（见图2.9.3）。

图2.9.3

图2.9.2

二、现代教育意义

此游戏可以提高幼儿的思维及估计能力，锻炼幼儿手指的小肌肉动作，不断增强幼儿手指的灵活性。

三、落实《指南》情况

划蚕豆游戏适合大班幼儿。《指南》在健康领域中建议"创造条件和机会，促进幼儿手的动作灵活协调"，游戏中幼儿在任意两粒蚕豆间用小指画一条直线，画线时不能碰到蚕豆，还要用大拇指和食指合力弹蚕豆，这都需要幼儿利用手指的力量和灵活性，而且要拿捏好力度，从而瞄准方向和目标进行游戏，发展了幼儿的精细动作。《指南》在社会领域中建议"幼儿园应多为幼儿提供需要大家齐心协力才能完成的活动，让幼儿在具体活动中体会合作的重要性，学习分工合作"，划蚕豆的游戏至少需要两名幼儿一起玩，幼儿在游戏中学会了遵守游戏规则，有时需要看其他幼儿弹蚕豆，有时需要大家一起来数蚕豆，对幼儿学会合作、等待、配合有很大的帮助。《指南》在科学领域中指出，5～6岁幼儿要"能发现生活中许多问题都可以用数学的方法来解决，体验解决问题的快乐"，幼儿在游戏的开始要边念儿歌边亮出蚕豆，谁的蚕豆多谁先玩，游戏的最后还要看看谁的蚕豆最多谁就是胜利者，游戏中幼儿有时会出现分歧，因为几个人数的结果不一样，那就再数一遍，引导幼儿学习通过数数的方式解决游戏中的问题，加深幼儿对于数学的认知和理解。

2.10 击 鼓 传 花

一、游戏玩法

（一）传统玩法

1. 材料准备：大鼓一面、"鲜花"一束（见图 2.10.1）。

2. 游戏过程：一群幼儿围坐成一个圆圈，一幼儿背对大家敲鼓，圈上幼儿依次传花。鼓声快，花传得快；鼓声慢则花传得慢；鼓停，花落在谁手中，谁就要表演节目。游戏继续进行（见图 2.10.2）。

图 2.10.1

（二）创新玩法

"鲜花"可用沙包、毛巾、书本、玩具等来代替（见图 2.10.3）。

图 2.10.2

图 2.10.3

二、现代教育意义

此游戏有利于发展幼儿的注意力、反应能力和自我表现力，提高了幼儿在同伴面前表现自我的心理素质。

三、落实《指南》情况

击鼓传花游戏适用于中大班。《指南》社会领域指出"结合社会生活实际，帮助幼儿了解基本行为规则或其他游戏规则，体会规则的重要性，学习自觉遵守规则"。击鼓传花游戏要求幼儿鼓声不停花就不停，鼓声停花就停，落在谁的手中谁就表演节目，让幼儿在勇于展现自我的同时体会和感知规则的重要性。《指南》在艺术领域建议"让幼儿倾听和分辨各种声响，引导幼儿用自己的方式表达他对音色、强弱、快慢的感受"。游戏中幼儿随着鼓声的强弱和快慢来不断变换传递物品的速度，落实了《指南》的要求。

2.11 接 龙

图 2.11.1

图 2.11.2

一、游戏玩法

（一）传统玩法

两人相对而坐，按歌谣节奏边说歌谣边相互拍手问答，说至"什么年？2017年，奔向2018年"结束，中途谁答不出即为输，互换问答，游戏重新开始（见图 2.11.1 和图 2.11.2）。

（二）创新玩法

由传统玩法的两人变为三人或多人玩，这样提问和回答的就不固定为某个幼儿，加大了游戏的挑战性。

二、现代教育意义

此游戏不仅培养了幼儿的想象力、创新能力与发散性思维，而且提高了幼儿的口语表达能力和规则意识。

三、落实《指南》情况

接龙游戏适合大班幼儿。《指南》在语言领域要求5~6岁幼儿"在集体中能注意听老师或其他人讲话；懂得按次序轮流讲话，不随意打断别人"，而接龙游戏的前提是幼儿能听懂对方的讲话并按照次序进行。在教育建议中提出"为幼儿创造说话的机会并体验语言交往的乐趣"。游戏中幼儿与同伴一起接龙，感受了儿歌朗朗上口的节奏和韵律，丰富了幼儿的词汇和言语表达能力。幼儿在游戏中边拍手边说儿歌，对幼儿的手口协调一致也起到了很好的锻炼作用。

  儿歌

接龙

甲：你姓啥？	乙：我姓黄。
什么黄？	草头黄。
什么草？	青草。
什么青？	碧绿青。
什么碧？	毛笔。
什么毛？	羊毛。
什么羊？	山羊。
什么山？	高山。
什么高？	年糕。
什么年？	2007 年。
合：奔向 2008 年。	

2.12 接 龙 珠

一、游戏玩法

（一）传统玩法

1. 材料准备：半圆竹管（人手一节）、乒乓球、小石子若干（见图 2.12.1）。

2. 游戏过程：将长 40～50 厘米、直径 10 厘米的毛竹对半劈开，打去竹节形成一个半圆管道。

图 2.12.1

若干幼儿站成一排或环形，每人手持一节半圆管，将乒乓球或较圆的小石子放在竹管上，倾斜竹管，使其徐徐滑落，另一幼儿用竹管接住，依次传接，球掉落地上为输（见图 2.12.2）。

（二）创新玩法

幼儿玩熟练后，分组进行比赛（见图 2.12.3）。

二、现代教育意义

相互传接"龙珠"的过程有效促进了同伴间的团结协作、合作学习等能力。创新的分组比赛，培养了幼儿的集体竞争意识，也让幼儿充分体验到了成功的快乐。

图 2.12.2

三、落实《指南》情况

接龙珠游戏适合中大班幼儿。接龙珠活动从三个方面考验了幼儿的能力：一是考验了幼儿的团结协作能力，每个幼儿必须让自己的竹管和前后两名幼儿的对接好，才能保证游戏顺利进行；二是考验

图 2.12.3

了幼儿的手臂力量和平衡能力，只有长时间的保持手的稳定才能使游戏成功；三是考验了幼儿的手眼协调能力，游戏中幼儿要注意观察，哪一边倾斜要及时做出调整，才能顺利完成游戏。这项活动很好地契合了《指南》健康领域动作发展中要求的"利用多种活动发展身体平衡和协调能力"和社会领域中提倡的"幼儿园应多为幼儿提供需要大家齐心协力才能完成的活动，让幼儿在具体活动中体会合作的重要性，学习分工合作"。

2.13 红灯、绿灯，马上开灯

图 2.13.1

一、游戏玩法

（一）传统玩法

请一位幼儿背朝众幼儿做开灯者，站在场地的另一端，众幼儿朝前随意行走或做各种姿势的动作。当开灯者大声说完"红灯、绿灯，马上开灯"，同时转过身时，众幼儿必须立刻如木头人一般静止站立，直至开灯者再背朝幼儿。若在此间有人控制不住而动了，将被请出。游戏反复进行，谁能坚持到最后则为胜者，然后由胜者做开灯者（见图 2.13.1）。

（二）创新玩法

当开灯者念完儿歌后，其他幼儿静止不动，然后开灯者可以巡视去关灯，拍一下静止不动幼儿的肩膀并说"关灯"，此幼儿即为被关灯者，然后则可以随便活动，若在此间有人控制不住而动了，将被请出（见图 2.13.2）。

图 2.13.2

二、现代教育意义

此游戏既可锻炼幼儿听口令快速反应的能力，提高幼儿对身体的控制能力，还能增强幼儿的规则意识。

三、落实《指南》情况

此游戏适合中班幼儿。《指南》在健康领域中建议"发展幼儿动作的协调性和灵活性"，当开灯幼儿说完"红灯、绿灯，马上开灯"后，其余幼儿必须立刻静止不动，锻炼了幼儿的协调性和灵活性。除此之外，更多的是培养幼儿遵守规则的意识，落实了《指南》在社会领域中指出的"结合社会生活实际，帮助幼儿了解基本行为规则或其他游戏规则，体会规则的重要性，学习自觉遵守规则""经常和幼儿玩带有规则的游戏，遵守共同约定的游戏规则"及"对幼儿表现出的遵守规则的行为要及时肯定，对违规行为给予纠正"的要求。

2.14　蒙眼击鼓

一、游戏玩法

（一）传统玩法

1. 材料准备：大鼓一面、丝巾一条（见图 2.14.1）。
2. 游戏过程：一名幼儿用丝巾蒙上眼睛，站在离鼓 3 米远处，原地自转一圈后寻找鼓，找到后击鼓。在规定时间内击鼓者为胜，反之为输，输者应表演节目，表演完成后游戏继续进行（见图 2.14.2）。

图 2.14.1

（二）创新玩法

选两名或更多幼儿蒙住眼睛后分别站在不同方向，离鼓约 3 米远处，玩法同上，最先击中鼓者为胜（见图 2.14.3）。

二、现代教育意义

此游戏在发展幼儿注意力、反应能力以及逻辑推理能力的同时，促进了幼儿良好心理素质的发展。

三、落实《指南》情况

蒙眼击鼓游戏适合中大班幼儿。《指南》在健康领域建议"经常与幼儿玩拉手转圈、秋千、转椅等游戏活动，让幼儿适应轻微的摆动、颠簸、旋转，促进其平衡机能的发展"。游戏中，幼儿蒙眼自转一圈，有效锻炼了幼儿的身体平衡能力和协调能力。《指南》在科学领域指出应"丰富幼儿空间方位识别的经验，引导幼儿运用空间方位经验解决问题"，在蒙眼击鼓游戏中，幼儿蒙眼转圈后走到鼓前击鼓，对幼儿的空间感知能力是很好的锻炼。

图 2.14.2

图 2.14.3

2.15 民 间 棋

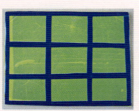

图 2.15.1

一、游戏玩法

（一）传统玩法

1. 材料准备：棋盘（见图 2.15.1）、棋子、小沙包、石子等。

2. 游戏过程：

（1）下四顶：两人将棋子分别摆在棋盘一端，猜拳决出先走者，每次只准走一个棋子，沿线走一步，纵横进退，皆无限制。若一方先摆成相邻两个子，且直线端头第四个棋位空着，则能吃掉对方与之相邻的单子，并将被吃掉的棋子拿出局，依次进行，直到一方只剩一个棋子，无法对阵则败，本轮结束。输棋者第二局先走棋。

（2）憋牛棋：玩时将棋子放在棋盘上下两个点上，只留棋盘中间斜线交叉点，走棋时，不能先走棋盘有缺口一方的棋子。最后无法走的一方为输。

（二）创新玩法

创造出"小猫钓鱼棋""水果棋""攻城夺旗棋"等新式棋类游戏（见图 2.15.2 和图 2.15.3）。

图 2.15.2

图 2.15.3

二、现代教育意义

民间棋类游戏对于开发幼儿智力，培养幼儿做事认真细致的好习惯有很好的促进作用。在棋的选择和玩法上体现了幼儿的自主性和主动性，同时也有利于培养幼儿正确的胜负观念。

三、落实《指南》情况

民间棋游戏适用于大班幼儿。《指南》在社会领域中建议"幼儿园应多为幼儿提供需要大家齐心协力才能完成的活动，让幼儿在具体活动中体会合作的重要性"，民间棋游戏至少需要两名幼儿一起玩，游戏过程中幼儿要共同制定游戏规则，并严格遵守，落实了《指南》在社会领域对5～6岁幼儿"理解规则的意义，能与同伴协商制定游戏和活动规则"的要求。民间棋类游戏和所有的棋类活动一样存在着竞争，存在着输赢，游戏过程有利于培养幼儿的自信心和受挫力。

2.16 拍 手 背

一、游戏玩法

（一）传统玩法

两名幼儿以猜拳决定谁先拍，拍者掌心向上，将手放在对方的手心下面，看准时机撤手从上面去拍对方手背，如能成功，则继续拍，一旦拍空，则换另一人拍（见图 2.16.1）。

图 2.16.1

（二）创新玩法

三名或三名以上幼儿玩游戏，并根据拍到手次数的不同变换游戏规则（见图 2.16.2 和图 2.16.3）。

二、现代教育意义

拍手背游戏简便易行，不受场地限制。游戏过程中，能提高幼儿手脑协调的快速反应能力，锻炼了手部动作的灵敏性。

图 2.16.2

三、落实《指南》情况

拍手背游戏适用于大班幼儿。拍者掌心向上，将手放在对方的手心下面，看准时机撤手从上面去拍对方手背，落实了《指南》在健康领域中提出的"创造条件和机会，促进幼儿手的动作灵活协调"的教育建议。在游戏过程中幼儿根据拍到手次数的不同变换游戏规则，又将《指南》在社会领域中的目标"理解规则的意义，能与同伴协商制定游戏和活动规则"落实到了游戏中。

图 2.16.3

2.17　摔　泥　炮

图 2.17.1

一、游戏玩法

1. 材料准备：红色黏土若干（见图 2.17.1）。
2. 场地布置：塑胶地垫，约 5 米长的装饰布一块。
3. 游戏过程：

两人一组围在装饰布周围，首先把泥摔得非常均匀，然后把泥做成小碗状，碗的底部用手磨得均匀而且非常薄，边做边说儿歌："东边炮，西边炮，谁来和我放鞭炮；东胡同，西胡同，谁来给我补补丁。"

说完儿歌后，把小泥碗垂直向下摔，"啪"的一声，像放炮一样，泥碗底部出现一个洞，然后由相对的小朋友给其补上洞（见图 2.17.2 和图 2.17.3）。

二、现代教育意义

此游戏让幼儿在任意揉捏，改变泥巴形状的基础上，培养了幼儿的动手能力。朗朗上口的儿歌，使幼儿体验到无穷的乐趣。

三、落实《指南》情况

摔泥炮游戏适合中大班幼儿。《指南》在健康领域建议"创造条件和机会，促进幼儿手的动作灵活协调"。幼儿在玩泥的过程中，对泥巴任意揉捏摔打，改变泥巴形状，促进了幼儿手部动作的灵活协调。韵律感强、朗朗上口的儿歌，符合《指南》在科学领域"提供具有重复性旋律和词语的音乐、儿歌和故事"的教育建议。说完儿歌，将小碗垂直摔在地上"放炮"，这对幼儿腕部力量和手臂力量是极大的挑战和锻炼。

图 2.17.2

图 2.17.3

2.18　挑棍棍儿

一、游戏玩法

（一）传统玩法

1. 材料准备：小木棍、筷子若干。

2. 游戏过程：参加者各自拿出相同数量的小木棍合在一起，猜拳决定先后顺序。玩者将所有小木棍垂直于地面撒落，先将散落一边的单棍捡起，再将手中的棍插进交错叠压在一起的棍中，轻挑至一旁，挑出的木棍归自己。挑木棍时不能触动其他棍，否则，即为"瞎了"，由第二名挑棍，依次轮换，最后，谁挑得的棍多即为胜（见图 2.18.1 和图 2.18.2）。

（二）创新玩法

游戏材料在原先传统木棍的基础上发展到纸棍和吸管。用纸棍和吸管做游戏时，难度相对较大，因为在挑的过程中纸棍和

图 2.18.1

图 2.18.2

图 2.18.3

吸管很容易滚动，需要孩子的手有很强的控制能力和灵活性（见图 2.18.3）。

二、现代教育意义

此游戏要求幼儿集中精力、仔细观察，很好地锻炼了幼儿的注意力和观察力，而游戏过程中的挑棍则有效地促进了幼儿手部小肌肉群的发展，提高了手眼配合协调的能力。

三、落实《指南》情况

挑棍棍儿游戏适用于大班幼儿，符合《指南》在健康领域中的要求"具有一定的平衡能力，动作协调、灵敏"，以及教育建议"创造条件和机会，促进幼儿手的动作灵活协调"。在挑棍棍游戏中，幼儿要用一根小木棍插进交错叠压在一起的棍子中，轻轻挑至一边，同时挑木棍时不能触动其他的棍棍，这对幼儿手部动作的灵活协调及手眼一致是极大的考验。同时，在游戏过程中幼儿必须注意力高度集中，仔细观察判断应该挑哪一根棍才不会带动其他的木棍，落实了《指南》中提出的"有意识地引导幼儿观察周围事物，学习观察的基本方法"的教育建议。在创新玩法中，将木棍变换成了不稳定、易滚动的纸棍和吸管，再次加大了对幼儿手部控制能力和灵活性的要求。

2.19 跳 门 槛 儿

一、游戏玩法

（一）传统玩法

门槛由两名幼儿组成，他们两腿伸直，两足相抵，然后其他幼儿依次纵身跳过，当门槛幼儿两腿渐渐加宽，至幼儿跳不过为止，没有跳过的就只好当门槛儿了（见图 2.19.1）。

图 2.19.1

（二）创新玩法

1. 配上游戏儿歌"门槛窄，门槛宽，我是小小运动员，宽宽窄窄我不怕，就像小马跳栏杆"，边唱边跳门槛儿（见图 2.19.2）。

图 2.19.2

2. 分成两队进行跳门槛儿比赛。

3. 两名幼儿当门槛，两腿屈起，两足尖相抵，同时两手相握相靠增加门槛高低差别，然后其他孩子配合儿歌"门槛高，门槛低，我是小小运动员，高高低低我

图 2.19.3

不怕，就像小马跳栏杆"，依次纵身跳过，当门槛幼儿两手渐渐升高，直至跳不过为止，没有跳过的幼儿在下轮游戏中当门槛（见图 2.19.3）。

二、现代教育意义

游戏过程中，幼儿通过儿歌及动作，感受跳过不断加宽和升高的"门槛儿"所带来的乐趣，练习了原地屈膝跳和助跑跳，锻炼了幼儿腿部肌肉的灵活性、弹跳力及平衡力。同时增强了动作的敏捷性和协调性，培养了幼儿不怕困难、勇敢自信的品质。

三、落实《指南》情况

跳门槛儿游戏适合大班幼儿。《指南》在健康领域中要求幼儿"动作协调、灵敏"，建议应开展丰富多样的、适合幼儿年龄特点的走、跑、跳、攀、爬等身体活动。"跳门槛儿"游戏中，幼儿纵身跳过"门槛儿"，很好地锻炼了幼儿的弹跳能力和身体协调力。两名做门槛的幼儿必须齐心协力、相互配合，才能将门槛搭好，落实了《指南》在社会领域提出的"幼儿园应多为幼儿提供需要大家齐心协力才能完成的活动，让幼儿在具体活动中体会合作的重要性"的建议。在游戏中，随着门槛高度、宽度不断增加，跳跃的难度也在一步步加大，将《指南》在社会领域中要求的"鼓励幼儿尝试有一定难度的任务，并注意调整难度，让他感受经过努力获得的成就感"落实到了游戏中。

2.20 捉 猴

一、游戏玩法

两人一组，幼儿一手握住自己另一只手的五个手指。五个手指只露出一点指尖，让对方从五个指头中找出中指，中指即为小猴。每人找三次，找对次数多者为胜（见图 2.20.1 和图 2.20.2）。

图 2.20.1

图 2.20.2

二、现代教育意义

捉猴游戏可提高幼儿的观察力和手指的灵活性，培养了幼儿的相互交往能力。

三、落实《指南》情况

捉猴游戏适合大班幼儿。《指南》在科学领域中要求"5～6 岁幼儿能通过观察、比较与分析，发现并描述不同种类物体的特征或某个事物前后的变化""能发现生活中许多问题都可以用数学的方法来解决，体验解决问题的乐趣"。建议教师"有意识地引导幼儿观察周围事物，学习观察的基本方法，培养观察与分类能力"。捉猴游戏中幼儿双方都用一手握住自己另一只手的五个手指。让对方从五个指头中找出中指，找出了即为捉到小猴，一方面提高了幼儿手指的灵活性，另一方面也考验了幼儿的观察、比较和分析能力。游戏双方每人找三次，找对次数多者为胜。这一规则又将《指南》中鼓励和支持幼儿在游戏中"可通过数数、测量的方法确定名次"这一要求落实到了游戏中。

2.21 城门城门几丈高

图 2.21.1

一、游戏玩法

（一）传统玩法

两名幼儿分别代表"橘子"或"香蕉"，双手相握上举做城门。其余幼儿边念儿歌边依次从城门钻过，念到最后，"城门"将手放下，问套住的幼儿要吃什么？此幼儿说出"橘子"或"香蕉"，并按类别分站成两队，直到所有幼儿被套住再公布"城门"的身份，人数多者为胜，另一组幼儿则表演节目（见图 2.21.1）。

（二）创新玩法

多设几个"城门"，变换其他两种水果（见图 2.21.2 和图 2.21.3）。

图 2.21.2

图 2.21.3

二、现代教育意义

　　此游戏不仅有利于提高幼儿身体的灵活性和协调性，而且有利于培养幼儿的规则意识，养成在活动中自觉遵守纪律的良好习惯。

 儿歌

城门城门几丈高？三十六丈高！

骑花马，带大刀，走进城门套一套：

问你吃橘子还是吃香蕉？

三、落实《指南》情况

　　城门城门几丈高游戏适合中班幼儿。《指南》在语言领域中建议"为幼儿创造说话的机会并体验语言交往的乐趣"，在健康领域中建议"发展幼儿动作的协调性和灵活性"在游戏中幼儿说着朗朗上口的儿歌，锻炼了孩子的语言表达能力。游戏中被套住的幼儿要选择说出"橘子"或"香蕉"，并按类别分站成两队，培养了幼儿按自己的兴趣选择和分类站队的能力。直到所有幼儿被套住再公布"城门"的身份，这一规则又培养了幼儿的规则意识，使幼儿养成在活动中自觉遵守纪律的良好习惯。游戏最后以人数多者为胜，将《指南》中"鼓励和支持在游戏中通过数数、测量的方法确定名次"这一要求落实到了游戏中。

2.22 响 纸

图 2.22.1

一、游戏玩法

1. 材料准备：裁剪成长方形的废旧硬纸若干（见图 2.22.1）。

2. 游戏过程：手拿已折好的响纸，把突出的部分向后拉，用力一甩，发出响声（见图 2.22.2）。

二、现代教育意义

此游戏可以培养幼儿对声音的兴趣，发展幼儿的手腕力量，使他们会灵活用纸。

三、落实《指南》情况

响纸游戏适合中班幼儿。"动手探究是幼儿满足好奇心，找到问题答案的必由之路。好奇、好问是幼儿探究的动力和前提，而动手操作才是幼儿探索的真正开始。当幼儿好奇的摆弄物体，探索物体和材料，试图通过各种动手动脑的方式解决和寻找答案时，正是幼儿"好探究"的表现。响纸游戏中幼儿拿到一些五颜六色的纸，亲手折纸，在动手操作的过程中，纸张的颜色、质地都对幼儿产生刺激，当自己亲手折的响纸被甩响时，声音的刺激会使孩子更加兴奋，更加好奇。游戏玩法契合了《指南》科学领域中要求幼儿"在探究中认识周围事物和现象""常常动手动脑探索物体和材料，并乐在其中""能感知和发现物体和材料的软硬光滑和粗糙等特性"的要求。

图 2.22.2

2.23 小鼹鼠钻洞

一、游戏玩法

（一）传统玩法

1. 材料准备：塑料圈若干，挖洞的装饰布一块（长约 4 米，宽约 2 米，并事先在布上剪出 10 个洞，洞口应略大于幼儿的头部）（见图 2.23.1 和图 2.23.2）。

2. 游戏过程：两名教师分别抓住装饰布的两端，将布抬起，约离地面 1 米左右。选择 11 名幼儿，幼儿边念儿歌边模仿小鼹鼠在布下面穿行，当儿歌说完的时候，幼儿迅速将头或手伸出洞外，没找到洞的幼儿被淘汰，然后再选别的幼儿参与游戏（见图 2.23.3）。

（二）创新玩法

将装饰布竖放，选出数目相等的幼儿分别站在布的两边（距离装饰布 1.5 米左右），一组幼儿手拿沙包，向洞中投掷沙包，投过去后，

图 2.23.1

图 2.23.2

图 2.23.3

面对面的幼儿再把沙包投过来，投掷的准确率越高越好（见图2.23.4）。

图 2.23.4

两名教师分执装饰布的两端，将装饰布横放，幼儿将脚迈进洞中，练习跨跳动作。

二、现代教育意义

小鼹鼠钻洞游戏锻炼了幼儿大脑的快速反应能力和动作的敏捷性，增强了竞争意识和交往能力。

三、落实《指南》情况

小鼹鼠钻洞游戏适合小中大班幼儿。《指南》在健康领域的动作发展目标中对各年龄段幼儿提出了不同的发展目标。例如，要求小班幼儿"能身体平稳地双脚连续向前跳"，中班幼儿"能助跑跨跳过一定距离或助跑跨跳过一定高度的物体"，大班幼儿"能连续跳绳"等。并在教育建议中鼓励幼儿玩跳房子、跑皮筋、跳竹竿等传统的体育游戏，发展幼儿动作的协调性和灵活性，开展丰富多样、适合幼儿年龄特点的各种身体活动，如走、跑、跳、攀、爬等，鼓励幼儿坚持下来，不怕累。同时《指南》中指出：幼儿在语言领域目标："能口齿清楚地说儿歌"。小鼹鼠钻洞的游戏要求幼儿边说儿歌边双脚并紧跳过一定距离和高度的障碍。随着游戏的开展，对幼儿的身体耐力也是一个考验，激励幼儿不怕困难，坚持不懈。在此过程中，幼儿的口语表达能力、跳跃能力和耐力得到了很大程度的锻炼，达成了《指南》的目标要求。

2.24 点 豆 豆

一、游戏玩法

（一）传统玩法

两人面对面或站或坐，一人伸出右手，手心向上，另一人将右手食指在对方手心边点边念儿歌，念到最后一个字，迅速收回食指，被点幼儿则迅速收拳抓其食指。抓到后，互换角色，抓不到，则不换角色，游戏继续（见图 2.24.1）。

（二）创新玩法

两人以上参与游戏，一名幼儿或教师伸出一只手或双手，两名或更多幼儿同时伸出右手食指在其手心边点边念儿歌进行游戏，可一次抓住多个小朋友。被抓幼儿为大家表演节目，然后猜拳或指定幼儿互换角色继续游戏（见图 2.24.2）。

图 2.24.1

图 2.24.2

二、现代教育意义

此游戏可发展幼儿手指动作的灵活性以及思维的敏捷性，还可锻炼幼儿手臂的大肌肉群和按物点数、手口一致、手眼协调等能力。创新玩法进一步提高游戏的趣味性，激发幼儿参加游戏的欲望，特别是教师的大范围参与，更使幼儿对游戏趣味盎然，一方面增加师生情感，另一方面使幼儿更能充分体验游戏的快乐。

点点豆豆，红豆绿豆，你拿我拿，抓一大把。

三、落实《指南》情况

此游戏适合小班幼儿。《指南》在健康领域中建议要"创造条件和机会，促进幼儿手的动作灵活协调"。在社会领域中建议要"主动亲近和关心幼儿，经常和他一起游戏或活动，让幼儿感受到与长辈交往的快乐，建立亲密的亲子关系或师生关系"。此游戏中，幼儿围绕在教师身边，随教师边念儿歌边做动作，好玩有趣，儿歌朗朗上口，不仅锻炼幼儿手指动作的灵活性，提高了手口一致、手眼协调等能力，同时，也使幼儿与老师建立起亲密的师生关系，达到了《指南》要求。

2.25 点脚椰椰

一、游戏玩法

1. 材料准备：小纸棒一根。
2. 游戏过程：幼儿围成半圆形坐好，请一个幼儿做点脚者，一边念儿歌一边用小纸棒按顺序点每个人的脚，最后点到谁的脚，谁就马上缩起被点到的脚，然后再重新开始游戏，如被点到的小朋友没能迅速缩脚，就表演节目（见图 2.25.1 和图 2.25.2）。

图 2.25.1

二、现代教育意义

在游戏中，通过手、脑、脚、口的运用，锻炼了幼儿动作的协调性和灵活性。伴随着朗朗上口的儿歌，幼儿体验到游戏所带来的欢乐。

图 2.25.2

 儿歌

点脚椰椰，谁脚南山，南山有狗，北山有牛，牛头牛脚，随便缩起一只脚。

三、落实《指南》情况

此游戏适合小班幼儿。《指南》在社会领域中建议要"主动亲近和关心幼儿，经常和他一起游戏或活动，让幼儿感受到与成人交往的快乐，建立亲密的亲子关系和师生关系"，强调幼儿"在提醒下，能遵守游戏和公共场所的规则"。在语言领域要求幼儿"能口齿清楚地说儿歌、童谣或复述简短的故事"。此游戏为幼儿创造了体验儿歌韵律美的机会。游戏规则要求明确，比如，只有听到"脚"字时，才能缩回脚。在实际游戏中，有幼儿会提前缩，在教师不断提醒、监督下培养幼儿的规则意识，帮助其逐步养成遵守规则的习惯。同时，教师幼儿一起快乐游戏，使师生关系更加亲密。

2.26 盘 脚 莲

一、游戏玩法

（一）传统玩法

幼儿围成圆圈坐下来，把双脚伸到中间，由一个小朋友边说儿歌边点数小朋友的脚。当说到"小脚盘上"时，指着谁谁就盘起一只脚，双脚都盘起的幼儿表演节目，直到所有的人都被点完，游戏重新开始（见图 2.26.1）。

（二）创新玩法

鼓励幼儿想出不同的玩法，如点脚趾、点膝盖等（见图 2.26.2）。

图 2.26.1

图 2.26.2

二、现代教育意义

盘脚莲游戏能使幼儿随儿歌节奏做点数动作，培养了幼儿手口一致的能力，以及遵守游戏规则的意识。此游戏还可以延伸到家庭，爸爸妈妈可以和孩子一起玩，既活跃了家庭气氛，又增进了亲子之间的感情。

三、落实《指南》情况

盘脚莲游戏适合于小班。《指南》在健康领域中围绕幼儿的小肌肉动作的发展提出了"手的动作灵活协调"的发展目标，语言领域要求3～4岁幼儿"能口齿清楚地说儿歌、童谣或复述简短的故事。"通过游戏幼儿手与眼的协调、双手动作的协调以及一定的灵敏性得以实现，盘脚莲游戏通过念儿歌增长了幼儿的知识，发展了智力，创新的点脚趾、点膝盖玩法发散幼儿的思维，使其从中获得了快乐，体验到了和同伴合作游戏的乐趣。

第三篇

语 言 类

3.1 炒 黄 豆

图 3.1.1

图 3.1.2

图 3.1.3

一、游戏玩法

（一）传统玩法

两人相对而立，手牵手，边念儿歌，边有节奏地向左右协调摆手。儿歌念到最后一句时，两人举起一侧的手臂来共同钻过，翻转身体 180 度，还原姿势。游戏反复进行（见图 3.1.1）。

（二）创新玩法

游戏中可利用烙饼、翻饼、葱花油饼等反复创编儿歌。幼儿在熟练掌握翻转动作后，可变成 3 人翻、多人翻或连续翻（见图 3.1.2 和图 3.1.3）。

二、现代教育意义

此游戏能锻炼幼儿肩关节的灵活性以及钻的动作，发散幼儿的思维能力，发展口语表达能力，并能培养幼儿的合作意识。

  儿歌

炒、炒、炒黄豆，炒熟黄豆翻跟头。
炸、炸、炸油条，你一半，我一半，我们一起来翻一翻。

三、落实《指南》情况

炒黄豆游戏适合于中班。《指南》在健康领域要求幼儿"具有一定的平衡能力，动作协调、灵敏"；在语言领域中指出应"为幼儿创设说话的机会并体验语言交往的乐趣"；在社会领域中建议"幼儿园应多为幼儿提供需要大家齐心协力才能完成的活动，让幼儿在具体活动中体会合作的重要性。""炒黄豆"动作简单，配上朗朗上口的儿歌，节奏感极强，有着浓厚的趣味性，非常符合幼儿好奇、好动的特点，创新玩法让他们玩中乐、乐中学、玩中有得、玩中有创，能够很好地给幼儿提供互动交往的机会和空间，使他们乐意和同伴结对玩耍，体验游戏所带来的快乐，更增强了幼儿之间相互的协调能力和配合能力。

3.2 过 皇 上

一、游戏玩法

（一）传统玩法

1. 材料准备：丝巾一条（见图3.2.1）。

2. 游戏过程：

四五名幼儿为一组，选出一名幼儿站在场地中间当"盆"，把手心伸出来，其他幼儿将食指指向"盆"的手心，由"盆"

图3.2.1

发出预备口令并念儿歌，说到"抓"字时，谁被抓住就蒙上眼睛，根据其他幼儿在场地内跑或跳的脚步声去捉，被捉者做"盆"重新开始游戏（见图3.2.2）。

（二）创新玩法

蒙眼抓人时，被捉者学小动物的叫声并模仿小动物的动作，拍打一下蒙眼人后迅速离开，蒙眼人则可迅速伸手抓住拍打的人，被抓住后游戏重新开始（见图3.2.3和图3.2.4）。

图3.2.2

图3.2.3

图3.2.4

二、现代教育意义

这一游戏活泼生动，趣味性非常强，既提高了幼儿的口语表达能力、反应能力和模仿能力，锻炼了跑跳、听音辨别方向的能力，同时又培养了孩子们在运动中的观察力及规则意识。

 儿歌

青豆黄豆，嘎巴一溜；青沙黄沙，大把一抓。

三、落实《指南》情况

过皇上游戏适合中班幼儿。《纲要》和《指南》都强调了"幼儿的语言能力是在运用的过程中发展起来的"。《指南》要求幼儿"能口齿清楚地说儿歌、童谣""感受规则的意义，并能基本遵守规则"。3～6岁是儿童语言发展的关键期，还是儿童规则意识萌发和初步形成的重要时期，在社会规则的学习中，模仿、同化和强化都可能让幼儿表现出符合规则的行为。游戏中，朗诵儿歌为幼儿创造了体验儿歌朗朗上口特点的机会。游戏规则要求明确，比如，只有听到"抓"字时，才能缩回手。在实际游戏中，有幼儿会提前缩手，在教师不断提醒、监督下让幼儿感受规则的意义，培养其规则意识，逐步养成遵守规则的习惯。《指南》在科学领域要求教师"丰富幼儿空间方位识别的经验"。在游戏中，让幼儿蒙眼抓人，有助于提高其空间知觉能力。

3.3 蒙 眼 捕 鱼

一、游戏玩法

（一）传统玩法

1. 材料准备：手绢多条、录音机、磁带。

2. 场地布置：直径 5 米的圆圈。

3. 游戏过程：扮"鱼"的幼儿在"池塘"里随意走动、拍手、大笑、说话，但不能跑出"池塘"。一名幼儿用手绢蒙住眼睛后捉"鱼"。被捉者与蒙眼者更换角色，游戏继续进行（见图 3.3.1）。

图 3.3.1

（二）创新玩法

1. 边唱儿歌边游戏，唱完儿歌后开始摸鱼。

2. 改变游戏规则，蒙眼者摸到"鱼"后，"鱼"也变为蒙眼者一起继续摸（见图 3.3.2）。

二、现代教育意义

此游戏培养了幼儿对声音的感受力，提高了幼儿在一定范围内四散躲闪跑的能力。

图 3.3.2

 儿歌

小鱼小鱼游呀游，摇摇尾巴点点头，一会儿沉来，一会儿浮，自由自在水中游。

三、落实《指南》情况

蒙眼捕鱼游戏适用于中班幼儿。《指南》在健康领域目标中指出"中班幼儿能与他人玩追逐、躲闪跑的游戏"。语言领域要求"能口齿清楚地说儿歌、童谣"。科学领域要求教师"丰富幼儿空间方位识别的经验"。此游戏中幼儿边唱儿歌边及时躲闪，让幼儿在感受儿歌朗朗上口特点的过程中，提高其在一定范围内四散躲闪跑的能力。同时，培养了幼儿听声音辨别方向的能力，提高了幼儿空间知觉能力。

3.4 捉 蜻 蜓

图 3.4.1

一、游戏玩法

（一）传统玩法

五人一组，有一人将手掌平举，手心向下，其余幼儿各伸出一根食指，边念儿歌边顶住举手者的手心，当念到最后一个字时，举手者将掌心合拢，伸食指者尽快逃脱，被抓者做下一次游戏的举手掌者，游戏重复进行（见图 3.4.1）。

（二）创新玩法

1. 幼儿站或坐成一排（或围成圆圈），每人左手手掌平举，手心向下，右手伸出食指抵在相邻同伴平举的手掌下，一起念儿歌后，每人一边捉手掌下的同伴的食指，一边躲闪另一同伴的追捉（见图 3.4.2）。

2. 还可将食指被捉者变成捉人者，其余 4 人四散逃开，被抓住者则变为举手掌者（见图 3.4.3）。

图 3.4.2

图 3.4.3

二、现代教育意义

在游戏过程中，幼儿的注意力、反应的灵敏性得到了锻炼，有利于发展幼儿手部小肌肉的动作。

 儿歌

> 红蜻蜓，绿蜻蜓，漫山遍野捉蜻蜓。捉蜻蜓，捉蜻蜓，捉到一只小蜻蜓。

三、落实《指南》情况

捉蜻蜓游戏适合中大班幼儿。《指南》在科学领域中建议"提供具有重复性旋律和词语的音乐、儿歌和故事，鼓励幼儿发现和感受其中的规律"，在健康领域中建议"发展幼儿动作的协调性和灵活性""创造条件和机会，促进幼儿手的动作灵活协调"。捉蜻蜓游戏中幼儿说着朗朗上口、富有韵律的儿歌，锻炼了幼儿的语言表达能力，在说到儿歌最后一个字时，迅速去捉其余幼儿的食指，对游戏双方幼儿手部的灵活性、反应的灵敏性都是很大的挑战。创新玩法中通过追逐抓住四散的伙伴，又将《指南》中健康领域提出的4～5岁幼儿"能与他人玩追逐、躲闪跑的游戏"的目标落实到了游戏中。

3.5 吹 泡 泡

一、游戏玩法

（一）传统玩法

教师和幼儿一起手拉手围成一个圆圈，顺时针或逆时针边转圈边说儿歌：吹泡泡、吹泡泡，吹成一个大泡泡（大家把圆圈撑大）；吹泡泡、吹泡泡，吹成一个小泡泡（大家把圆圈缩小了）。泡泡飞高了（大家把双手举起来），泡泡飞低了（大家手拉手蹲下），啪！泡泡破了！（大家撒开小手后仰倒下或坐下）。游戏可反复进行（见图 3.5.1）。

图 3.5.1

（二）创新玩法

把儿歌随意改变顺序说或重复某一句说，如"吹泡泡、吹泡泡，吹成一个小泡泡，泡泡飞高了，泡泡飞低了，吹泡泡、吹泡泡，吹成一个大泡泡，泡泡飞高了，泡泡飞低了"。最后说"啪！泡泡破了！"随儿歌做相应动作，以增加活动量。

二、现代教育意义

此游戏要求幼儿手拉手围成一个大圆按一个方向走，而且步伐要一致，培养了幼儿的规则意识、合作意识和他人意识，提高了幼儿的注意力。最后一句翻倒在地，增加了趣味性，使幼儿充分体验了游戏的快乐。

三、落实《指南》情况

吹泡泡游戏适合小班幼儿。《指南》社会领域建议"经常和幼儿一起参加一些群体性的活动，让幼儿体会群体活动的乐趣"，吹泡泡游戏中多名幼儿手拉手围成一个圆，最后故意翻倒在地，此时幼儿往往哈哈大笑，在合作中体验了群体游戏的乐趣。游戏中，幼儿需边说儿歌边步调一致地朝一个方向走，并随儿歌做出相应动作，在锻炼幼儿语言能力的同时，让幼儿有了初步的规则意识，落实了《指南》在社会领域提出的3～4岁幼儿"在提醒下，能遵守游戏和公共场所的规则"的目标要求。

3.6　拉　大　锯

一、游戏玩法

（一）传统玩法

幼儿围成一个圆形席地而坐，相邻的两个小朋友面对面，手拉手边做拉大锯的动作边念儿歌："拉大锯，扯大锯，姥姥门前唱大戏，接姑娘，请女婿，就是不带外甥去，不让去，也要去，锯根木头做辆车，坐着车子去看戏（见图3.6.1）。"

（二）创新玩法

幼儿由两人一组变为四人一组，边做拉大锯的动作边念儿歌（见图3.6.2）。

图3.6.2

图3.6.1

二、现代教育意义

《拉大锯》属于民间童谣，读来朗朗上口，可提高幼儿的口语表达能力，使幼儿获得愉快的心理体验，增进了小伙伴之间的感情。

三、落实《指南》情况

此游戏适合小班幼儿。《指南》在社会领域中指出要"为幼儿创设温暖、关爱、平等的家庭和集体生活氛围"。在语言领域中，要求幼儿"能口齿清楚地说儿歌、童谣或复述简短的故事"。此游戏中，两名或多名幼儿席地而坐，边念儿歌边做动作，在你拉我扯的过程中，感受到童谣的美好以及和同伴游戏的愉悦情绪，增强了体质，增进了同伴感情，达到了《指南》要求。

3.7 孵 小 鸡

一、游戏玩法

1. 材料准备：小凳子一个，鸡蛋（报纸团成球）若干，鸡妈妈头饰一个，耗子头饰若干（见图 3.7.1 和图 3.7.2）。

图 3.7.1

图 3.7.2

2. 场地布置：选择一个比较宽敞的地方，放一个呼啦圈，蛋放圈内，小凳子放中间。

3. 游戏过程：选一人当"鸡妈妈"坐在凳子上，凳子下放几个"蛋"，表示"鸡妈妈"正在"孵蛋"。其余游戏者做"耗子"，"耗子"边说儿歌边在鸡妈妈身边钻来钻去，说到"小鸡出壳了"时，"耗子"伸手取"蛋"，"鸡妈妈"自由转动保护身体下面的"鸡蛋"，但不能离开凳子。同时，"鸡妈妈"可迅速拍"耗子"的手臂，被拍到的就不许再取"蛋"。游戏可玩到"鸡蛋"取完为止（见图 3.7.3 和图 3.7.4）。

二、现代教育意义

此游戏符合小班幼儿的年龄特点，情景性强，易于幼儿接受。幼儿在游戏过程中需要独立思考，充分发挥了想象力、创造力和动手能力。

图 3.7.3

图 3.7.4

> 孵，孵小鸡，小鸡有多大，刚出脑袋和嘴巴；
>
> 孵，孵小鸡，小鸡有多大，两只翅膀出来了；
>
> 孵，孵小鸡，小鸡有多大，小鸡尾巴出来了；
>
> 孵，孵小鸡，小鸡有多大，小鸡出壳了。

三、落实《指南》情况

　　孵小鸡游戏适合小班幼儿。《指南》在语言领域中建议"为幼儿创造说话的机会并体验语言交往的乐趣"。孵小鸡游戏中幼儿边说儿歌，边钻来钻去，锻炼了孩子的语言表达能力。《指南》在健康领域中建议"发展幼儿动作的协调性和灵活性"。在说到"鸡蛋出壳了"时，"耗子"要迅速去偷"蛋"，同时要尽量躲避"鸡妈妈"，不让其拍到，这对幼儿反应的灵敏性和动作的协调灵活是很好的锻炼。

3.8　手　指　谣

图 3.8.1

一、游戏玩法

（一）传统玩法

1. 场地设置：在户外宽阔的场地或室内用小椅子摆成半圆形（见图 3.8.1）。

2. 游戏过程：一边念儿歌一边做手指动作。

（二）创新玩法

两名或多名幼儿合作做游戏（见图 3.8.2）。

图 3.8.2

二、现代教育意义

通过玩手指游戏锻炼了幼儿手指的灵活性，发展幼儿丰富的想象力，培养了合作意识。

 儿歌

一个手指点点点（伸出一个手指点宝宝）

两个手指敲敲敲（伸出两只手指在宝宝身上轻敲）

三个手指捏捏捏（伸出三只手指在宝宝身上轻捏）

四个手指挠挠挠（伸出四只手指在宝宝身上轻挠）

五个手指拍拍拍（两个手对拍）

十个兄弟爬上山（从宝宝的下身做爬山状）

叽里咕噜滚下来（在宝宝身上从上往下挠）

三、落实《指南》情况

此游戏适合小班幼儿。《指南》在健康领域中建议要"创造条件和机会，促进幼儿手的动作灵活协调"。在社会领域中也建议要"主动亲近和关心幼儿，经常和他一起游戏或活动，让幼儿感受到与成人交往的快乐，建立亲密的师生关系"。此游戏中，幼儿围绕在教师身边，幼儿随教师边念儿歌边做动作，其乐融融，幼儿非常感兴趣，能获得愉快的情绪体验，与老师建立起亲密的师生关系，达到了《指南》的要求。

3.9　五个好娃娃

一、游戏玩法

（一）传统玩法

教师和幼儿一边念儿歌一边做动作，具体要求是左手握拳，边念儿歌，边用右手将左拳从拇指开始——伸展开（见图3.9.1）。

（二）创新玩法

为了增加游戏的难度和趣味性，教师自编手指谣让幼儿进一步活动手指（见图3.9.2）。

图 3.9.1

二、现代教育意义

此游戏能让幼儿知道手指的名称，锻炼幼儿的手眼协调和反应能力，并对幼儿进行礼貌教育。

图 3.9.2

 儿歌

　　五个好娃娃，乖乖睡着啦。公鸡咯咯啼，叫醒五娃娃。拇指哥哥起床了，食指哥哥起床了，中指哥哥起床了，无名指弟弟起床了，小指妹妹也起床了。

三、落实《指南》情况

此游戏适合小班幼儿。《指南》在健康领域中建议"创造条件和机会，促进幼儿手的动作灵活协调"。在科学领域中指出"幼儿的思维特点是以具体形象思维为主，应注重引导幼儿通过直接感知、亲身体验和实际操作进行科学学习，不应为追求知识和技能的掌握，对幼儿进行灌输和强化训练"。小班幼儿更是以具体形象思维，直接感知为主。游戏中，利用自己的双手边说儿歌边做动作，左右手互换，既有乐趣，又有难度，让幼儿在愉悦的游戏体验中，熟悉了手指名称，培养了手眼协调能力。

3.10 捕 鱼

图 3.10.1

一、游戏玩法

（一）传统玩法

请两名教师或个子较高的幼儿面对面站立，两手相扣组成渔网，全体幼儿在教师带领下，从渔网下游来游去，边游边唱《捕鱼》儿歌，当唱到"三网打到一条大鲤鱼"时，做渔网的人将两手放下，正好网住游过的小鱼。游戏可反复玩（见图 3.10.1 和图 3.10.2）。

（二）创新玩法

制作多种小鱼挂饰，幼儿佩戴挂饰，边唱《捉小鱼》边游戏，进一步增强游戏的趣味性。

二、现代教育意义

此游戏锻炼了幼儿的快速躲闪能力，提高了幼儿的集体意识和合作意识，使幼儿体验到和同伴一起游戏的乐趣。

 儿歌

图 3.10.2

　　一网不打鱼，二网晒晒网，三网打着条大鲤鱼。

三、落实《指南》情况

捕鱼游戏适合中小班幼儿。《指南》在健康领域中建议要"发展幼儿动作的协调性和灵活性"，教师要鼓励幼儿进行钻爬等活动。在语言领域要求幼儿"能口齿清楚地说儿歌、童谣"。在社会领域要求幼儿"喜欢和小朋友一起游戏"，建议"幼儿园应多为幼儿提供需要大家齐心协力才能完成的活动，让幼儿在具体活动中体会合作的重要性"。捕鱼游戏中，两名捕鱼的幼儿需要相互合作、相互配合才能完成任务，培养了其合作意识和能力。其他幼儿边念儿歌边不断地钻和躲闪，锻炼其快速反应能力，提高了身体动作的协调性和灵活性，体验到集体游戏的快乐。

3.11 木 头 人

一、游戏玩法

（一）传统玩法

参加者念儿歌，念完后，立刻静止不动，不说不笑地对视，谁先忍不住动了或笑了就算输（见图3.11.1和图3.11.2）。

图3.11.1

（二）创新玩法

参加者根据老师创编的儿歌做出不同动作。例如：山山山，山上有个木头人；三三三，三个好玩的木头人；他们在弯腰（举手、张嘴等滑稽动作）。幼儿做出儿歌里面的动作后定格，谁先忍不住动了或笑了就算输了。

二、现代教育意义

此游戏提高了幼儿的规则意识和合作意识，同时增进了同伴间的默契配合与和睦相处，并且在游戏中使幼儿体验到了各种怪异的人体造型带来的快乐。

图3.11.2

 儿歌

山山山，山上有个木头人；三三三，三个好玩的木头人；不许说话不许动。

三、落实《指南》情况

木头人游戏适合小中班幼儿。《指南》在社会领域中要求幼儿"感受规则的意义，并能基本遵守规则"。在健康领域中要求幼儿"动作协调、灵敏"。在语言领域中要求幼儿"能口齿清楚地说儿歌、童谣"。在木头人游戏中，需要幼儿说完儿歌后摆出各种造型，锻炼幼儿的快速反应能力，以及创造能力。游戏还要求幼儿"谁先忍不住动了或笑了就算输"，在此过程中，培养了幼儿的规则意识和意志力。

3.12　五　门　开

图 3.12.1

一、游戏玩法

（一）传统玩法

将两手五指用力分开，并各自对应，拇指对拇指、食指对食指……由手指处相互撑着，然后一边念儿歌一边将手指一一分开（从拇指开始）（见图 3.12.1）。

（二）创新玩法

小班的幼儿喜欢与老师亲近，我们可以把游戏最后拍三下手改成让孩子跑到教师的怀里抱一抱、亲一亲（见图 3.12.2）。

二、现代教育意义

通过五门开游戏的开展，提高了幼儿的参与性和积极性，满足了幼儿对教师的依恋，使幼儿在游戏中得到了快乐和发展。

 儿歌

图 3.12.2

大门开开进不来，二门开开进不来，三门开开进不来，四门开开进不来，
五门开开我进来（说到"我进来"时拍三下手）。

三、落实《指南》情况

五门开游戏适合小班幼儿。《指南》在语言领域开宗明义地指出："语言是交流和思维的工具。幼儿期是语言发展，特别是口语发展的重要时期，幼儿语言的发展贯穿于各个领域，也对其他领域的学习与发展有着重要的影响。"幼儿喜欢跟读儿歌，并喜欢配以手势动作清楚地说儿歌，这个手指谣就是通过朗诵儿歌并手口一致地做手指动作，在发展语言的同时发展了幼儿手部精细动作，而且在游戏过程中有的幼儿还会帮助动作不精细的幼儿，同时发展了社会领域目标中愿意和小朋友一起游戏的人际交往能力，并在创新玩法中与老师抱抱中满足了孩子爱与关怀的情感需求。

3.13 手 指 谣

一、游戏玩法

（一）传统玩法

1. 材料准备：幼儿每人一个小板凳。

2. 游戏过程：幼儿围成一个半圆形坐在小板凳上边念儿歌边做相应的动作："大拇哥，二拇弟，中指楼，四小弟，小妞妞，弯手腕，胳膊肘，挑水担，吃饭饭，闻香味，两盏灯，小蒲扇（见图3.13.1）。"

图 3.13.1

（二）创新玩法

幼儿由一人单独玩变为两人合作玩，由其中一个小朋友作参照物，另一个小朋友指着这个小朋友身体的相应部位做动作并念儿歌（见图3.13.2和图3.13.3）。

二、现代教育意义

手指谣游戏通过边说儿歌边指认身体各部位，能丰富幼儿认知，锻炼并提高幼儿的口语表达能力，使幼儿获得愉快的心理体验，增进与小伙伴之间的情感交流。

图 3.13.2

图 3.13.3

三、落实《指南》情况

手指谣游戏比较适合小班幼儿。手指谣通过边说儿歌边动动小手锻炼了幼儿手部小肌肉的力量和灵活性，体现了《指南》在健康领域中要求幼儿"手的动作协调灵活"的目标，同时手指谣边说边动，使幼儿体验到了语言的实际意义，感受到了语言的韵律美，丰富了认知，锻炼了口语表达能力，契合了《指南》中强调的"幼儿的语言能力是在交流和运用的过程中发展起来的，应为幼儿创设自由、宽松的语言交往环境，鼓励和支持幼儿与成人、同伴交流，让幼儿想说、敢说、喜欢说并能得到积极回应"。同时，增进了情感交流，使幼儿获得了安全感、愉悦感。

3.14 炸果果

图 3.14.1

一、游戏玩法

（一）传统玩法

两名幼儿手拉手站立，随儿歌节奏晃动双手，当说到"翻开调开，吱扭过来"时，两人同时抬一侧手臂使身体翻转，两人背对背继续说儿歌，当说到"咱俩变个小老虎"时，再同抬一侧手臂将身体转回（见图 3.14.1 和图 3.14.2）。

（二）创新玩法

可手持拉力器、彩带等进行游戏，也可三个或多个幼儿一起玩，但翻身时所有幼儿都要从一个幼儿手臂搭成的洞中钻过，这样，才能使所有幼儿翻身成功（见图 3.14.3）。

二、现代教育意义

此游戏锻炼了幼儿的大肌肉群及肩关节的灵活性，培养了幼儿不怕困难、勇于实践的精神以及互相谦让、团结友爱的良好品质，提高了幼儿的合作能力和口语表达能力。

图 3.14.2　　　图 3.14.3

三、落实《指南》情况

此游戏适合小中班幼儿。《指南》在社会领域中要求幼儿"感受规则的意义，并能基本遵守规则"。在健康领域中要求幼儿"动作协调、灵敏"。在语言领域中，要求幼儿"能口齿清楚地说儿歌、童谣"。在炸果果游戏中，刚开始，需要两名幼儿在教师的指导下不断实践，克服困难尝试游戏动作。熟悉游戏后，可以尝试加入其他同伴，或者利用拉力器、彩带等教具开展游戏，在此过程中，培养了幼儿的规则意识，增强了遇到困难勇于克服的良好品质，同时使幼儿感受到同伴合作的快乐。

 儿歌

炸，炸，炸果果，
腰里披着铁锁锁，
翻开调开，吱扭过来，
你敲梆子我敲鼓，
咱俩变个小老虎。

主要参考文献

董旭花，2009. 幼儿园游戏 [M]. 北京：科学出版社.

武瑛娟，2006. 孩子最爱玩的 150 个经典游戏 [M]. 北京：中国城市出版社.

约翰逊，等，2006. 游戏与儿童早期发展 [M]. 华爱华，等译. 上海：华东师范大学出版社.